ECUPL
1952-2022

法治追梦人

刘宪权

从商店营业员到国家级教学名师

人民出版社

刘宪权

华东政法大学经天讲席教授、博士生导师，荷兰伊拉斯谟大学法学博士。现任华东政法大学刑事法学研究院院长，上海市刑法学研究会会长，兼任上海市委、纪委监察委、政法委、教卫党委、教委等法律顾问，上海市一流学科刑法学学科带头人，享受国务院政府特殊津贴。2019 年 10 月获"庆祝中华人民共和国成立 70 周年"纪念章。

长期从事刑法学研究，重点研究人工智能刑法规制、经济犯罪、金融犯罪、涉信息网络犯罪、数据犯罪、元宇宙空间犯罪、职务犯罪等领域。独著和参著学术著作 80 余部，科研成果曾分别获上海市哲学社会科学优秀成果奖，全国法学科研成果奖，以及国家级教学成果二等奖、上海市优秀教材一等奖、上海市高等教育教学成果一等奖等多项奖项。刘宪权教授主持的 2 项国家社科基金重大项目、3 项一般项目和 1 项中华外译项目，得到了国内外专家的公认，产生良好的经济效益与社会效益。在《法学研究》《中国法学》《中外法学》《人民日报》《光明日报》等权威杂志、报刊发表论文 800 余篇。

入选首批"国家高层次人才特殊支持计划"，曾获"全国劳模""全国杰出专业技术人才""上海市教育功臣"（文科教学领域唯一）"国家教学名师""全国优秀教师""中国杰出人文社会科学家""上海市领军人才""上海市劳模年度人物""宝钢教育基金全国优秀教师""上海市教书育人楷模"等多项荣誉称号。连续 13 年荣获中国法学创新网"高产作者"称号，连续 20 年被华东政法大学全校学生投票评为"我心目中的最佳教师"，并因此获全校唯一的"最佳教师终身成就奖"。因教学、科研事迹特别突出，刘宪权教授分别于 2019 年与 2020 年被授予华东政法大学"杰出教学贡献奖"与"杰出科研贡献奖"。

青年时代

青年时代

被授予"全国劳动模范"

被授予"杰出科研贡献奖"

"杰出教学贡献奖"颁奖现场

在华政复校 40 周年大会上演讲

人工智能专题演讲

与学生交流

与学生交流

目　录

1

一、读　书

1955 年 12 月,我出生于上海。1979 年,进入华东政法学院学习。1983 年本科毕业后,在华东政法学院刑法教研室任教至今。1988 年在华东政法学院攻读硕士学位。1995 年底至 1998 年初在新华社香港分社研究室参加香港回归过程中的法律问题研究。1999 年赴荷兰伊拉斯谟大学攻读法学博士学位。2003 年 4 月作为国际访问学者赴美国考察交流。

(一)无法读书的孩童时代

受家庭的熏陶,我从小就对读书产生了浓厚的兴趣。但由于历史原因,我在中小学时期遇到了"文化大革命"。在这场"十年浩劫"中,周围的人都在讲政治、闹革命,学校里基本没有老师上课,也几乎没有学生读书,我也就没有机会读书。这虽然极大地压抑着我对读书的渴望,但无法磨灭我始终存在的要求读书的强烈欲望。

现在想来,人这一生能有几个十年? 而我们这一代人在人生的黄金时代错过了知识的滋养与灌溉,当中的很多人因此无法追求更好的人生、实现自己的理想。这十年给我们国家的政治、经济、民生、文化等各方面都造成了强烈冲击与损害。我至今仍对此感到十分痛心与遗憾。或许正是亲眼目睹、亲身经历过缺失法治带给国家、人民的伤害,我心底才不自知地悄然孕育出投身法学、追求法治的远大理想。

(二)中学毕业依旧渴望读书

1973年从中学毕业之后,我被分配在上海市黄浦区鞋帽公司工作。除了我本人以外,我周围的家人、朋友对我的这份工作都感到十分满意。在他们眼中,这份工作既安逸稳定,又离家近,还能照顾到父母,最重要的是能让我中学毕业后就留在上海,这在当时(以上山下乡为主的年代)是可遇不可求的事。这主要是因为我的哥哥、姐姐都是大学生,但分配工作时却被分配到了外地,所以家人、朋友并不支持我以后还要继续读书、继续深造。进入单位后,我做过装卸员、打包员、营业员,也做过财务工作。由于出色的工作表现,我被领导指派担任团的工作,并准备培养我做商店店长,也就是现在的商店经理。但当时的我,心底那种对读书的渴望并未随着工作上的优异表现而被逐渐消磨,相反这种渴望愈发强烈,在每一个深夜与凌晨都刺激着我的内心,让我倍感煎熬。这种平淡、安逸的生活不是我想要的,这种一眼望到头的人生也不是我想要的。我一直认为,只有读书才能使自己有所进步,我要追求我的理想、实现我的价值。我要读书! 我要进步!

(三)工作中的两次读书机遇

1. 夜校的读书,劳累并快乐着

一次很偶然的机会,已经参加工作的我了解到了夜校。当时,上海各区都会举办夜校,而这是为了给一些想提高自身专业技能的人提供机会,让学生利用晚上、非工作时间进行再教育的一种教学模式。夜校招生的对象主要有在职人员、往届初高中毕业生等,一切想要通过成人教育提高能力的人都可以参加学习。大部分的夜校会在晚上上课,这也是称其为夜校的原因。这对于当时渴慕读书的我来说,是一则十分宝贵的消息,因为这意味着我能有机会读书、学习、上进。很快我就进入了夜校,并保持着白天认真工作、晚上在夜校认真学习的生活作息。当然,夜校的学习还是受限于当时的环境。夜校的整体授课时间不长,老师传授知识的能力也有限、授课内容较为粗浅,有些老师甚至态度上比较敷衍。此外,夜校人员流动比较大,环境比较嘈杂,学习氛围也不太好。

这段夜校经历真的很辛苦,但也很充实。于我而言,我几乎没有额外休息与娱乐的时间,每天都要奔走在单位和夜校之间,为了读书推脱掉了很多的聚会、应酬,也放弃了很多的社交。在别人眼中,我这个人挺傻的,是在白费力气,是读书读傻了。但我内心对于读书、上进的渴望却始终坚定。在夜校的这段经历,尽管我的身体是很疲惫的,但是通过夜校的学习,我获得了宝贵的知识,尤其充实了文科的基础,也培养了我读书的兴趣，并让我更加坚定了自己对于读书、上进的信念。那时候，每当我坚持不下去了，感到身心俱疲的时候，我总会心里默默告诫自己："故天将降大任于斯人也，必先苦其心志，劳其筋骨，饿其体肤，空乏其身，行拂乱其所为，所以动心忍性，曾益其所不能。"而我的"大任"就是读书，就是学习知识。我对于读书、知识的渴望足以战胜身体与心灵上的疲惫，并始终促使着我永不停歇、永不停下脚步。

2. 工农兵大学，遗憾地失之交臂

其实，对于当时的我们来说，多少还是有些读书机会的，但这仅限于少数人。在恢复高考之前，我们有些高等院校会招一些工农兵大生。这些大学生不是通过考试，而是通过考察、调查的方式招入的，这些通过考察的人就作为工农兵大学生去高等院校读书。我当时是表现十分优异的青年，有好几次这样被选拔的机会，甚至有些院校都重点考察我，打算招我进去了，但被其他人通过拉关系、走后门的方式，把我的机会给弄丢了。在之后的很长一段时间，我都在想：如果我当时能够顺利地通过这种方式进入高等院校，尽管我就能够早点读书并早点过上心仪已久的大学生活,但是,反过来说,如果当时真能去读工农兵大学的话,对我今后的影响、改变无疑是巨大的。

首先,出于历史原因,全国范围内各个高等院校在当时都是没有法学专业的,我进去之后也读不了法学,也就不可能与法学结下数十年的缘分。其次,工农兵大学生的学历后来都得不到国家、社会的承认,这些工农兵大学生都需要回炉重造,进行再学习、再教育,这样来回一折腾就错过了人生仅有的最好读书机遇。甚至可能影响到我作为教师的授课、职称、科研等。再次,工农兵大学生的上课、读书,实际上都不符合正规高等教育的方式与标准,他们有其特殊的培养体系,其中大部分的工农兵大学生在大学期间都只是在浪费时间、消磨时光而已。

回首这段经历,与其说我当时因为别人开后门而丧失了一些机会,倒不如说我"因祸得福",在人生长河里获得了更好的读书机会。当然输给这种"拉关系、走后门"的大学生,也在一定程度上强烈激发了我一定要上大学、一定要读书的坚定斗志。

（四）我的高考路:几番波折,方达通途

终于,真正读书的机会来了! 1977 年,教育部宣布恢复高考。听到这个消息后,我立即向单位提出要去参加高考,但公司领导并不愿意让我参加高考。在领导看来,一方面,我当时已经二十二岁了,离开校园也有四五年了,加之受教育经历并不好,没有必要在高考上浪费时间与精力;另一方面,我作为店里的骨干,准备高考必然会影响到单位的正常经营与运转。此外,领导也不愿意冒着失去我这样一个"人才"的风险。对我去参加高考的申请,他们当然不可能同意。当时要参加高考,需要单位出证明才能报名,单位同意你去考,你才有资格考,否则报名也没有资格报名。尽管我一再向领导表明自己对于参加高考的渴望,但领导还是多次拒绝了我的请求。或许是因为我被拒绝后依旧展现出优异的工作表现以及任劳任怨的工作态度,抑或是领导逐渐意识到我对读书的渴望是坚定与认真的,还有可能是多次拒绝使得领导对我动了恻隐之心,在恢复高考后的第三年领导同意了我参加高考

的请求,我终于有机会报名参加高考了!

有道是"一山放过一山拦",当我有机会报名参加高考后,备考的挑战接踵而来。当时复习高考,并不像现在有各种各样的教辅材料,那个时候没有什么参考书,我就只能自己复习。遇到学习上的问题,周围也没有人可以解答,我就只能联系我的中学老师。我记得当时拿着一道很简单的数学题目去问我的中学老师,他就觉得我这么差的水平,高考肯定考不上。但我并没有因为那位老师的话而气馁,因为我知道我的数学基础不好是客观事实,而书是要一点点读的,需要长期坚持才能换来点滴的进步。现在回想起来,这段读书备考的经历让我很享受、很愉悦。

高考成绩出来后,我的文科成绩在区里面名列前茅,外语和数学则不太好。当时总分成绩其实可以去华东师范大学,但是,我的姐姐就是华东师范大学毕业的,我当时对做老师没什么兴趣,也不想做老师。在填志愿时,偶然之间,我看到了华东政法学院的招生简章,只知道是学政法,但并不知道具体学什么的。在浏览华东政法学院的招生简章时,我看到了华东政法学院的办学宗旨是培养法官、检察官和律师。这个时候我就感觉到这些职业我都是十分喜欢,尤其感觉毕业后在政法机关工作还不错,就报了华东政法学院,之后我就被华东政法学院顺利录取了。现在想来,当时各种学校的招生广告那么多,说是偶然看见华东政法学院的招生简章,然后就决定报考华东政法学院,听起来多少还是有点不可思议。细细想来,或许是我心底潜藏着的投身法学、追求法治理想,才使得华东政法学院的招生简章格外引起我注意,并促使我毅然决然地报考。

就这样,我的读书生涯终于拉开了序幕,而这一年我已经 24 岁了。值得一提的是,这一年也是我国 1979 年刑法颁布(1980 年正式生效)的年份。1979 年刑法的颁布,在一定程度上反映了党和国家对"文化大革命"的反思与总结,体现了党和国家依法治国的努力。现在想来,在不经意间,我个人的命运就与刑法研究、国家的法治发展紧密联系起来。

1973 年至 1979 年,我在单位工作了六年,在最应该也是最合适读书的时候,依旧没有机会读书。六年时光,对于一个人的一生是很长的时间,对于一个青少年更是一生中最为宝贵、精彩的年华。当时的我就是我们这代人的一个缩影,就我们本身的智慧和素质,我们这代人实际上都是读书可以读得很好的,但是苦于没有机会。这也让我们倍加珍惜读书、学习的机会,倍加勤奋与刻苦,我国的法学理论与实务界因而星光熠熠。

(五)我的大学:投身法治,结缘刑法

当我作为新生第一次踏入华东政法学院,才意识到当时的华东政法学院完全处在一个"诸侯割据"的时代。当时有好多学校——普陀卫校、上海市卫校、上海市图书馆、水果仓库、上海市卫生干部学院等,都在我们校园里。原本属于华东政法学院的地方,被这些学校分割成好几部分,留给我们华政学生读书、学习的地方反而很少。不仅如此,由于整个校园是依托于圣约翰大学旧址建立的,所以校园里的木制建筑比较多而且老化严重、白蚁侵蚀厉害,用现在的流行语来形容,真算得上是"小破旧"。

除此之外,我们当时的听课环境也比较差。校园就这么大,各个学校学生很多,人来人往,周围环境十

分嘈杂。甚至有时候会干扰到老师的正常授课以及我们学生的正常听讲。当时的学校里没有空调,天气热,热得要命,天气冷,冷得要死。我还记得入学第一年的那个冬天,天寒地冻,天气寒冷得一塌糊涂。在期末考试的时候,大家的手都伸不出来,外边的水管全部冻裂开了。还有,当时我们的读书环境也是比较差的。由于宿舍里人多拥挤、环境嘈杂,没有办法安心看书,所以我们只能去教室里看书。但当时的华东政法学院连一间好好的教室都没有,为了有地方能够安心读书,我们就去蹭别的学校的教室。为了读书,很多同学都是早上起得很早,晚上睡得很晚。白天,学生自修的位子还比较充足;但一到晚上,大家为了自修还要到教室里抢位子。现在的韬奋楼,当时是上海市卫校的教室,一到晚上,他们教室就相对比较空旷。所以,我们就去这里抢座位、蹭位子。当时学校的藏书很少,没有什么书,因此连个好好的图书馆都没有。现在这个图书馆是很久之后才兴建的,原先的这个位置是个小教堂。当时,我们吃饭都没有食堂,吃饭需要排队打饭。每到打饭的时候,食堂师傅就从教室旁边的一座平房里拉出几张桌子,把饭和菜摆在上面,吆喝学生排起长队依次打饭。后来过了好久，才慢慢好了起来，建起了一座像样的食堂。

当时学校里的藏书并不多，所以建立一所图书馆也确实是没有必要。这也不仅仅是华东政法学院一所院校的情况，而是当时全国高校普遍存在的问题。华东政法学院里仅有的藏书，大多还都是哲学类的，且大多译自苏联。这就为我们这代人以及这代人的法学教育，打下了深刻的苏联印迹，这也是个人无法脱离的时代命运。就刑法而言，出于意识形态等原因，我国传统刑法理论沿袭苏联，苏维埃刑法理论在很长一段时间里，在很大程度上指导着我国的刑事立法与实务。改革开放以来，德日、英美等国家的刑法书籍相继被翻译到国内，并对传统刑法理论产生了强烈冲击，确实在学术界产生了一股德日化的风潮，如今，这股风潮正愈演愈烈。但在我看来，凡事讲究不破不立，我国传统刑法理论与司法实务具有很高的适应性，仍然具有很强的生命力。换句话说，我国传统刑法理论还没有到需要"破"的地步，那么也就没有必要为了"破"而"破"或为了"立"而"破"。

大学期间的我们，尽管身处很不好的环境中，但都十分珍惜读书的机会，都很刻苦、用功与勤奋地读书。一方面，大家的内心都长期压抑着读书的渴望；另一方面，大家都是放弃很好的工作来读大学的，像我就放弃了成为一名商店经理的机会，都深知这个读书机会来之不易，一点都不敢虚度光阴、浪费时间。偶然遇到一本好书，大家都抢着借阅，甚至抄录。知道某人借到了自己想借的书，就会提前和其约定"你还我借"。除此之外，我们会利用休息天的时间，去上海的各大书店包括福州路书店里面去"淘书"。当时的书店也没有什么版权意识，有一些店家会把从日本翻译过来的台版书、没有正式出版的书放在店里面卖，我们就淘这些书。在当时写书的人也不多，特别是和法学相关的那就更少了。有时候能够弄到一本八九万字、十万字的书，我们仿佛如获至宝，爱不释手、十分珍惜，不把它翻到旧、翻到烂都不罢休。翻译自国外的这些书，国内一开始都是没有的。因为原来都认为这些书跟我们国家没有关系的，不能看的。后来才慢慢开放了，最早开放的还是偷印的，像我国台湾地区的很多书当时都是禁书。但台湾地区的某些法学著作，实际上是通过他们这些渠道偷印过来，然后供学生去买、去借。因为两岸本是一支,而他们的法学总体而言没有间断过,所以他们有很多东西,我们还是能够看懂的,学习起来也是很快的。用现在眼光来看,当时我国台湾地区的法学理论也还是较为粗浅的,但不管怎么样,给当时的我们开了眼界,学到了很多东西。

总之,我们当时读书的整体环境比较差,校园十分拥挤。但是对我来讲,能够读上书已经很不错了。反观现在,我们国家的教育资源越来越好,各式各样的学校林立,设施先进、藏书众多、国际交流密切,但是学生们反而不太爱读书了,这真的让我感到十分遗憾和惋惜。除此之外,即使部分学生也读书,但也没有我们当时读书读得勤奋、刻苦与专注。现在的大学生一边读书,另一边还要考虑找工作,花在读书上面的时间太少了。我带硕士生、博士生,也给本科生授课。利用这个机会,我也好好观察过他们,教育过他们要好好读书。平心而论,现在一个研究生一般是三年学制的,可真正用来读书的时间还不到一年。一般来说,研究生一年级算是适应期,研究生二年级就开始读书了,研究生三年级就要准备毕业了,主要忙毕业论文、毕业实习之类。如果算上找工作的话,很多学生很早就开始实习了，读书的机会更少。也有很多人边工作边上课，有了工作就基本不怎么看书了。这实际上也是一种浮躁、一种焦虑。当然这也不能完全怪学生，因为现在的社会环境和我们当时不一样，我们以前读大学是分配工作的，不用担心找工作，只需要安安心心读书，工作的事情国家会帮我们解决。所以，对于这个现象，我给学生们的建议是该拿的证书、该获得的技能都早点考出来，然后专门空出来一大段时间用来读专业书，把这些书好好地读一下。我的经验告诉我，读书肯定是不会吃亏的。

在大学期间，尽管当时可看的书不多，但是我们还是尽可能多看书、多读书，用知识来充实自己、武装自己。大家都像一块块脱水的海绵，疯狂吮吸着知识的甘霖。读书之余，我也会写文章，但是写得不多，不能和现在比。文章写完后，我会好好修改、润色，直至见刊发表。当时我记得在《上海司法》上发表过文章，但是这个杂志现在都没有了。除此之外，我还会参加学生活动。我有很多兴趣爱好，如唱歌、集邮、吹口琴、吹笛子等，我本人也是十分热爱音乐的。所以，我的日常活动也算是丰富多彩的。但总体上，这些活动我参与得并不多,大学期间主要还是读书学习、钻研知识。

在大学的前两年,我们接受的是通识教育或者说是基础教育。这为培养我们的专业兴趣,后续进入"专业槽"夯实了基础。到了大三的时候,我们大家面临着专业方向的抉择。当时的我,一方面对刑法理论与实务具有浓厚的兴趣,另一方面由于曾经参加过对青少年犯罪的调研,平时比较关注这方面,也就特别喜欢这个专业。因此,我选择的专业方向就是刑法。

如前所述,华东政法学院于 1979 年复校,恰逢我国 1979 年刑法颁布,而我也正是华政复校后的首届本科生。1979 年刑法于 1980 年 1 月 1 日正式施行,而我也正好于 1980 年初开始学习刑法学。毫不夸张地说,从这一刻起,我的人生就可以说和刑法紧密联系在了一起,我对刑法长达四十年的研究生涯也就开始了。可以说,我几乎见证了我国刑事法治的所有重大事件,亲身经历、亲身感受着我国刑事法治事业的建设与发展。

现在想来,大学四年的读书生活十分充实,在很大程度上满足了我长久以来被压抑着的那种对读书的饥渴。在读书这条路上,华政园里的那些人、那些事总会

带给我长久的回忆与感动。在专业方面,苏惠渔老师
对我影响比较大,当然还有张国全、朱华荣、陆世友老
师,他们对我的影响也很大。另外,还有很多其他专业
的老师,可以说各个专业都有我们比较敬重的老师。
在生活方面,像曹建明、齐奇、杜志淳等都是我的同学,
在那段时光里,我们一起读书、一起求学,互相勉励、互
相督促,相处得十分融洽。

(六)深造路漫漫:站稳讲台,攻读硕博

1. 站稳讲台也归因于刻苦"读书"

1983 年,我从华东政法学院本科毕业,这时的我
已经二十八岁,快要到了"而立之年"。在毕业去向
上,我被选拔出来分配留校担任老师。我当时对留校
任职分配并不乐意,因为我当初是为了当法官、检察官
和律师,才选择报考华东政法学院的。而且直到本科
毕业时,我依然觉得在外面当法官、检察官和律师蛮好
的,当老师一点意思都没有。甚至在一段时间里,留校
担任老师导致我的情绪十分低落,因为我当时真的不
想做老师。但是,在当时本人是没有选择余地的,我最

终只能服从了国家、学校的安排,留校任教。从客观上来看,四年的本科学习,深刻地改变了我的命运,让我从一个普通商店营业员变成一位高等院校的人民教师。

本科毕业后,我在校任职了五年,期间被破格评为讲师。在这五年时间里,为了更好地适应从学生到老师的角色转变,我几乎把全校所有老师的课都听了一下,并选择最适合我教学特点的一些老师,将他们的课从头听到尾,仔细揣摩他的授课内容、方式和技巧,在此基础上认真备课。终于经过一段时间的努力,我夯实了教学基础,站稳了三尺讲台,后来甚至应学校领导之邀为全校老师开设公开课。

如果把教学当作一本书,那从我留校任职伊始,我就始终在认真、刻苦地读这本书。不论是刚开始时的观摩其他教师,还是自身课程中的内容设计、备课,抑或是积极与学生互动、听取学生反馈、改进自身授课不足等。可以说,我刻苦打磨教学技艺的"读书""钻研",一定程度上奠定了获得这么多教学荣誉、褒奖的基础。但在我看来,金杯银杯不如学生的口碑,还是学生们用实际的出勤率、真实的好评率向我传递了"站稳讲台"这本书我读得很好的信息。教师的职业,重在教书育人。现在有很多高校老师,远离课堂、远离学生,只注重科研,不注重培养人才。这固然是教育评价、晋升机制存在一些不足,但确实还是背离了教师这个职业的初心和使命。实际上,师生之间也是一种教学相长的过程。比如,我的很多观点,都是在教学过程中提出来的、构建出来的。

现在回想起来,为了能更好地站稳讲台,我如饥似渴地勤奋读书、刻苦钻研。读书没有让我吃亏,本科的读书改变了我的命运,将我培养成了一位传得好道、授得好业、解得好惑的人民教师,一名优秀的人民教师,一名受到学生肯定的人民教师。

2."七挑一"的刑法学硕士选拔

留校任职,又破格被提拔为讲师后,周围的人都很羡慕我,认为我通过读书改变了命运,过上了自己想要的生活,终于可以歇息了,可以"躺平"了,可以止步于此了。但我并没有因此感到满足,我内心依旧渴望读书、追求上进,我依然对自己的学历感到不满足,我依旧坚信读书不会让人吃亏。

渐渐地，我心中暗暗萌生了攻读硕士学位的想法。本科给我带来的快乐、带来的改变，让我觉得硕士的学习过程也同样会取得这种效果。因此，在任职期间，我除了认真教学、科研外，在被破格评为讲师后，还在准备华东政法学院刑法学硕士的备考。当时，我周围的人都很不理解我的这个决定，在他们看来，我这是自讨苦吃，是在瞎折腾。

1988年，我如愿开始了硕士阶段的读书生活，而这一年我已经三十三岁了。值得一提的是，当年的华东政法学院刑法学硕士，原本是计划招七个人的，但因为考题太难，最后只招了我一个人，这也恰恰是因为当时的我，已经被破格评为讲师。相比于其他适龄的硕士，我当时的思维、体力并不是最适合读书的状态，而且我作为老师还要给本科学生授课，此外还有其他行政事务要处理，但我最终还是顺利完成了硕士阶段的学习，这主要靠的是我的努力与勤奋。在备考期间，我白天要授课教学，有时候晚上也要授课教学，此外，很多时间我都花在给学生答疑解惑上面，真正留给自己复习备考的时间并不多。唯一的优势或者说益处，就是我报考的是华东政法学院刑法学硕士学位。因此，我的刑法专业课不会耗费我过多的时间，我的精力主要放在了其他科目上。三年的硕士学习让我有着深刻的体会，这段学习经历不仅使我站稳了讲台，而且使得我的教学方法、整个刑法教学内容得到了很大的提高和改善，也让我在讲课中拥有着充实的专业基础知识。

在留校任职期间，我在 1995 年到 1998 年的时候，被借调到新华社香港分社的研究室工作。因为我本来想研究港澳台的法律制度，正好香港回归需要法律人士研究相关的法律问题，当时的新华社香港分社实际上是中央政府的派出机构，我被中组部借调过去参加香港回归过程中的法律问题研究。所以，我见证了香港回归的整个过程，这是我一生中难以忘怀的事，我为香港的回归尽了一份责任。

值得一提的是，在我远赴香港从事港澳台法律制度研究期间，恰巧也是 1997 年刑法起草、颁布、生效的时间。我不仅为香港回归前、中、后的相关法律问题贡献了自己的力量，同时也认真学习、领会 1997 年刑法的规范内容及其价值精神。在一定程度上可以说，我与国家建设、刑事法治建设的联系愈发紧密起来。

3. 远赴荷兰读博：肩负教学、深造、行政三重担

随着时间的推移，我在读书、教学、科研上不断精进，取得了长足的进步。我先后获得硕士生导师、法学教授等职称。我在评上教授多年以后，又担任了数十年的华东政法大学法律学院院长。在华东政法大学这样一所政法院校甚至在全国的法学类院校里，法律学院可以说是规模最大、生源最好、专业素养最高的学院之一，这也就意味着我的行政工作也很繁重、艰巨。虽然我当时已经是高等学校的院长、知名的法学教授，但我还是对自己的知识感到不满足。"读书永远不会让人吃亏，读书才能让我进步"的信念依旧深深扎根于我的内心，我心中那渴望读书的欲望依旧十分强烈。作为一名法学研究者、爱好者，没有领略过法学顶峰的风景必然是令人遗憾的。

1999年，我又去荷兰读了法学博士，这段国外求学的经历让我很是难忘。当时，我们上海一些高校教师有去荷兰留学的机会。我一知道这个可以去深造的消息后，就立马报名了。报名后不久，就很快收到通知，要我去参加面试。但一到面试现场，我顿时就有点泄气

了。因为前去面试的年轻老师很多，他们既有很好的留学经历，又有很好的外语表达能力。相比之下，我也不是很有自信是否能够被录取。但最终的结果是，当时荷兰的学校要了我。

国外读书对我来说，实际上是一个巨大的挑战，除了背井离乡外，还需要良好的外语能力，但当时的我，外语水平还是很差的。除此之外，我要去国外读博的话，学院的行政职务还是要我来担当的，即使交给他人代为处理，也是有很多事务只有我才更清楚，才能处理得好。后来，我在读博初期，还在学校被评上了博士生导师，这就意味着我需要调整时差，远距离带博士生。这个时候，我的肩头压着三座大山——读博、行政、教学，这对普通的年轻人来说都是十分吃力的，更别提我这四十多岁的"中年"老师了。但是，考虑再三，我还是觉得这个机会千载难逢。我当时已经四十四岁了，如果因一时犹豫导致失去这次机会，或许就再也没有机会、精力、能力去深造、去读书了。我一方面不想未来的自己为此感到后悔，另一方面也是觉得凭自己的刻苦、努力是可以做好这些事情的。

终于，我下定决心前赴荷兰攻读博士学位。到了荷兰后,伊拉斯谟大学的法学院院长收下了我,当时的我在国内已经被评为教授。我研究方向的选题是证券期货犯罪,他对这方面也很感兴趣。入学以后,由于我的英文很不好,而国外课堂的老师都是英语教学,我听课学习十分吃力。很多同去的老师都很年轻,他们比我学英文学得快很多。为了赶上他们的进度,我每天起得最早,睡得最晚。上课之前,我必然会提前预习;课后,我必然及时总结、及时巩固。读博期间,我每天的计划满满当当,甚至可以精确到每分钟。通过日程计划的梳理,我逐渐适应了这种国外读博的生活,比较好地协调了各项事务。但毕竟还是岁月不饶人啊,我年龄已经大了,读英文很吃力,所以周围的老师、同学、朋友对我能否顺利完成毕业论文都没有信心。我在荷兰前后待了四年——从 1999 年到 2003 年下半年,最终我成功地拿到了博士学位,也是所有去攻读博士学位(包括复旦、交大、同济、上财等高校)的教师中第一个拿到学位的。我读书的时候相当用功,就拿毕业论文的写作来说吧,用英文写毕业论文对我来说是相当困难的一件事情。于是,我就先用中文写,写了再翻译成英文,在翻译过程中困难重重,但我也都一一克服。

这个事情给我的一个启发就是，不要觉得年龄大了就不能学东西了，年龄再大还是能够学新的东西的。而且这个学位的取得，使我的个人经历更加完整了，对我今后的工作也是有益的。读博，并没有让我吃亏，因为读博让我站在学术研究的最高点，让我的视野得到了很大的开阔，使得我的科研能力有很大的提高。

刑法理论与实务界对我的科研生涯作过阶段性的评价，如果说我的科研成就可以称之为"里程碑"的话，那目前为止，我先后有过三大"里程碑"：金融犯罪、信息网络犯罪、人工智能犯罪。结合上海经济社会发展的特点，早在20世纪90年代初，我就将研究重心定位在经济刑法领域，对上海乃至全国多发性的金融犯罪研究取得了诸多重大成果，首次提出该领域系统、完整的刑法学理论体系，填补了当时国内研究空白，引起国内法学界的高度关注，在国际刑法学界也享有很高的知名度。

近年来，随着网络技术和金融行业的快速发展，我在包括互联网金融犯罪以及人工智能时代刑事责任与刑罚体系重构等多个创新领域实施科研攻关，为解决新型金融以及网络犯罪问题提供了极为重要的新思路、新理念、新举措,得到了理论界和实务界的高度认同。在超级计算、大数据、互联网、类脑智能技术等新理论与新技术的推动下,人工智能成为了全球瞩目的科技焦点,我率先在 CLSCI 期刊以及其他法学核心期刊上发表大量相关的论文,获得了丰硕的科研成果,形成了独特的学术思想和较为系统的研究体系,开创了人工智能刑事法规制研究的先河,并能够积极回应时代的必然要求,应对发展过程中的挑战。

现在回想起来,上述这些成就的取得,多少归功于海外读博的这段经历。倘若当时的我,出于年龄、工作、精力等各种考虑放弃了去荷兰攻读博士学位,那么我也就失去了这样一个很好提升自己知识、开阔自己眼界的机会。倘若没有这段海外读博的经历,那我的科研层次、思考深度都不会有这么大的提升与改变,我也无法站在刑法学术界的顶峰,为国家、社会的发展更好地贡献自己的力量。可以毫不夸张地说,远赴荷兰攻读博士学位,培养了我对刑事法律前沿问题的嗅觉和灵敏,让我对新型犯罪及相关刑事法律适用更为感兴趣,也更能透彻理解、把握、解决这些问题。

二、教　学

在每学期的第一堂刑法课上，我会和同学们说："大家好，我叫刘宪权，宪法的'宪'，权力的'权'，即宪法的权力，从父亲给我起名时，就'命中注定'我今后可能会从事与法律相关的工作。令人遗憾的是，我是教刑法而不是教宪法的。现在我并非从事宪法学教学工作，却阴差阳错地成了一个刑法学的教授。但是，这里所谓的'遗憾'是指未能如我父亲之愿，就自身而言，则没有任何遗憾。我非常热爱刑法学专业，我已经并将终生'与刑法学为伴'，从这个学期开始我为大家讲授刑法学。"这段简单的自我介绍常常会引发教室里所有学生的哄然笑场。在华政还有谁不知道刘老师？不过，这段幽默的开场白一下子把教室里的气氛预热了。我名字中的"宪"是因为我出生的 1955 年正是国家对第一部宪法大宣传的年代,也许冥冥之中我与法律的不解之缘就始于那个时候。1979 年,我考进大学正值新中国第一部刑法颁布,1980 年 1 月 1 日刑法正式生效了,我开始了本科阶段刑法课程的学习。从此以后,我就与刑法结下了"不解之缘"。而今我领衔的华政刑法学科可谓在南方首屈一指、在全国具有举足轻重的地位,特别是对经济刑法的研究处于全国领先地位。

(一)华政最受欢迎的老师

1. 教学事迹被媒体争相报道

谈到教学,大家都知道我是华政最受欢迎的老师,我有多受欢迎呢? 大家只要看看近些年关于我的报道就知道了。这些年来,关于我"呕心沥血育桃李,爱岗敬业铸师魂"的先进事迹被全国主要媒体竞相报道,在全市乃至全国产生重大影响及轰动效应。我曾经连续多次登上《解放日报》《文汇报》《新民晚报》和《中国教育报》的头版头条,《中华英才》《上海工运》《上海滩》封面人物,《上海教育》《劳动报》《东方早报》《新闻晨报》《上海法治报》《检察风云》大篇幅频频见报,这些报道都真实刻画了我扎根上海本科教育最前沿的事迹。媒体们经常采访我,就我作为一位最受华政学生欢迎的明星教授的人格魅力与个人风采作专题报道,不少人形容我,说从我身上能够看到一名高校教师责任感和使命感所折射出的高尚师德。

事实上,这些报道说得一点都不夸张。关于我"师德表率、育人模范"的人物海报曾多次于教师节、劳动节、国庆节期间在上海人流量最大、最热闹、最繁华的人民广场展示,在"中国梦、申城美"主题活动中各大新闻媒体、报纸期刊头版头条、频繁宣传我的人物事迹,新华网、人民网、东方网、上海教育新闻网等也纷纷予以转载,生动彰显了我辛勤耕耘近四十载的奉献精神。《中国教育报》以我为月度瞩目"新闻人物"刊文《偶像教授刘宪权》,报道我为人师表、言传身教的教学事迹,称赞"以自身师德、人格魅力、学识风范教育感染学生,做学生成长成才的领路人"。《文汇报》专栏就写道:华政的刘宪权教授被学生称为"宪哥",如果哪位学生没有听过"宪哥"的刑法课,那么,他的"大学生活不完整",每当新生入学,"'宪哥'的课好听得'一塌糊涂'"这句华政名言,便会从各种渠道传来,冲击着新生们原本就异常兴奋的神经……我自己说出来,可能你们不太相信。但只要你们有机会来到华政校园,听一听我讲的课,你们肯定就相信了。

2. 上课是要靠"抢"的

在华政校园里一直流传着这么一句话:"没听过'宪哥'的刑法课,大学生活是不完整的。"这句话在华政口耳相传、人尽皆知。我给本科生上的刑法课一般都被安排在松江校区的大教室,上课时间一般都固定在每周二早上八点。往往天蒙蒙亮,我就要从市区的家出发,赶到五六十公里外的松江校区。多少年来,刮风下雨,从不迟到、从不缺席。同学们上我的课也非常积极,凌晨五点的时候已经有学生过来占座。据说每个寝室轮流派人赶早占位;而赶早不成的学生也有法子,附近教室里的课桌椅,都见缝插针地搬进了我讲课的阶梯大教室;当然,更晚到的学生有时甚至只能坐在地上听课。实在没办法坐到座位的,就只有站着听课的份儿了。一般在早上七时三十分,三百人的教室已经坐得"扑扑满",就连教室的过道已经全部"塞满"。早年"人工选课"时,甚至出现通宵排队选我课的情况。在如今逃课现象屡见不鲜的大学里,这样的场面可谓是盛况空前。我上课的教室是华政松江校区最大的教室,每年我的刑法课都会安排在这里,可是再大的教室也永远不够坐,这个可容纳三百人的最大的教室,在我的刑法课上往往里面挤满了四五百人,学生们认为能坐到走道上的"加座"也是件令人羡慕的事。其实华政学代会对改善"旁听生占座选修生无座"的现象已经做了很多尝试(例如发听课证、晚开教室门等),但是学校"人气教师"的热门课吸引力实在太大,这些"措施"都无济于事,最后还是只能早起早到早得。

一般上第一节课时,我除了会作一个简单的自我介绍外,还会通过一些幽默、风趣的话对刑法学这门课做一个总体介绍。通常我会和学生们这么说:对我们法学专业的学生来说,我们这个课属于专业课。刑法学本身,在我们法学中所占的位置是相当重要的。事实上我们每个老师在讲自己的课之前,都要强调一下自己的课是很重要的,当然我也要强调一下,但是实际上即便我不强调,你们也都知道刑法学的重要性。理工科里有句话叫"学好数理化,走遍天下都不怕",法学中我用一句话来概括就是:"学好刑民法,走遍天下都不怕"。由此可见，刑法学在整个法学中所占的位置是最为重要的。我认为，这里的"最重要"体现在两方面：一方面是教育部规定的专业主干课中，刑法学是一门最主要的课程，它是所有法学课程中课时最多的；另一方面就是司法实践对我们的要求，刑法学本身就相当于理工科数理化的位置，也就是通常所讲的我们"吃饭的工具"，是我们的"饭碗"。作为一个合格的法律人才，必须具有扎实的刑法学基础。当然，并不是说学好了刑法学就一定可以成为合格的法律人才，但是，我们完全可以说，学不好刑法学则一定不是一名合格的法律人才。我还想说的是，对于刑法学的掌握也不是期末考试考完就结束了，如果单从考试讲，刑法学要一直考下去，对很多人而言，甚至会与刑法学"相伴终生"，除非你今后不从事法律工作。需要指出的是，在我们司法考试（现在的法律职业考试）里，刑法学所占比重也很高。

当然随着社会的发展，有些人提出刑法学可能已经过时了，在市场经济条件下，刑法学不会再像以前那样引人关注了。但是，我不同意这种说法，实际上刑法学不可能过时。随着经济的发展，好像刑法学的地位确实有所变化，但是各种各样新型的犯罪在不断发生，需要我们加以研究，由此可见，刑法学研究的领域还是相当广阔的。我们学校法学专业本科设置了四个方向：国际经济法、经济法、民商法、刑事法，在高考考生填报志愿时，刑事法这个方向确实不是很热门。很多人（包括我们学生的家长）都认为刑事法律不就是研究杀人放火的学科嘛！因为民商有商，经济法有经济，按照这样的一个思路，家长们都认为国际经济法最好，因为它又国际、又经济、又法律。但是我们从就业角度讲，没有那么多国际经济法的岗位让你就业，相反运用最普遍的还是刑法、民法。不过无论你从事什么方向的法学学习，最基本的法律你还是要学好，很多法学基本原理的东西都在我们刑法、民法里。通过这段介绍，先让学生们对刑法学这门课感兴趣，然后我就会正式开始刑法学课程的教学。

（二）精心打磨每一堂刑法课

1. 没有上不好的课，只有上不好课的老师

上过我的课的学生们都知道，"一塌糊涂"是我的

口头禅,而很多走上司法岗位的毕业生回忆我的课则会评论说:"我的刑法课好听得一塌糊涂。"学生们如此喜爱我的刑法课,并不是没有原因的。在课堂上,我能将深奥的刑法理论用最朴实、最简明的语言予以阐释,循循善诱,真正做到以理服人,而这与我的用心是分不开的。有人说,文科的课难教,法学课更难。对此,我不同意。我有一句经典的名言,那就是"没有上不好的课,只有上不好课的老师"。我自己先天条件一般,普通话和口才都不算最出色。但我经常会思考,作为一名老师,如何才能把课上好,站稳讲台。为此,我曾为上课下过苦功:现在很多博士毕业就留校,给本科生上课,似乎讲课这件事不用教、不用学,似乎拿到高学位的人都能胜任。可在我们那个时代,站讲台真是件了不得的事情。

我记得电视剧《历史转折中的邓小平》让我很感动,剧里的时代和故事都是我曾经历过的——作为恢复高考后华政的第一届考生,我感慨高考改变了命运,是这个平台提供了机会让我走进高层次的研究教学的队伍。也正是经历过苦难才知道珍惜,大学时期的我格外用功,当时的刑法共有一百九十二个条文,很多条文我本科时就记住了,一直用到现在。我现在在课堂上依然会把这些话自豪地告诉我的学生。关于我的教学生涯的启蒙其实可以一直追溯到我读本科的时候。如前所述,我1979年考入华政,尽管是高考恢复后的第三届,但却是华政的第一届。1983年毕业时,我的志向是去当法官、检察官或者律师,结果组织上来做工作,说学校缺老师,我只好服从安排留在刑法教研室。留校第一年,我就主动要求"坐班",每天起早摸黑,就做一件事:把华政所有老师的课都去听一次。就这样不知不觉,我感觉自己可以站讲台了。

当然,仅仅是站上讲台是远远不够的。我一直认为,教师是知识的传播者,教书育人是教师这一职业的根本要求。作为教师首先要热爱自己的岗位,不断磨炼自己的上课水平,把书教好。把书教好的第一步就是要让学生愿意听你的课,要通过你的课吸引住学生。但要做到这一点,其实并不容易,这就需要我们老师必须要始终站在学生角度去授课。在我的课程流传着大量经典名言,有些是关于我的学术观点,例如,"刑事看行为、民事看关系"!所谓"刑事看行为",是因为刑法判断的是一个人在主观意识支配之下的行为,刑法所规范的行为,都是对社会关系侵害比较严重的行为,所以刑法将其调整的"触角"前伸,只要对刑法所保护的社会关系造成可能的侵害,我们就有可能将其纳入打击的范围之内。所谓"民事看关系",是因为民法强调"实际侵害"。民事侵权行为中没有预备、未遂和中止。这足以证明,民法侵权行为中并没有可能侵害的问题,也即所有的民法侵权行为都必须对他人的权利造成实际的侵害。再比如,ATM 机既不是机器也不是人,而是机器人。如果利用机器人"人"的认识错误获取钱财,构成的是诈骗罪。如果利用机器人的"机械故障"获取钱财,构成的是盗窃罪。当然,除了学术观点,还有些有趣的名言,比如,"理工学科中有句话,叫学好数理化,走遍天下都不怕;依我看来,在法律学科中,这句话应该是,学好刑民法,走遍天下都不怕!""我们学校如果开个新专业,就叫'国际经济刑法',就业主要面向海牙国际法院,肯定会热门得一塌糊涂,因为它既国际,又经济,又法律"……

当然,上课如果要靠讲笑话吸引学生,那不是真本事。教师怎样才能让学生跟着自己的思维走,这是需要下苦功研究的。我在华政执教近四十年,同时担任沪上多家公检法机关的顾问。凭借过去这些年的积累,说实话,如果要在课堂上"胡吹",一整年不备课都没问题,但我却不准自己这么干。我珍惜每一次站在讲台上的机会,每次上完课,我都要想想哪里还需改进,我要让我的每一节课都对得起听课的学生。学生们爱戴我,不仅在于我精彩而深刻的授课,在于我厚重而严谨的治学,更在于我心系学生成长,用自己对教师这份职业的坚守和热爱诠释了为人师的风范。在我的刑法课上,从来都不是单一地先讲概念,再讲理论,接着讲案例,然后巩固理论。我会在每次教学结束或者一个阶段结束后,根据课堂上学生的反馈总结经验,然后重新思考,总结反思成败。哪一段成功启发了学生,哪一段效果不理想,哪些内容是先讲案例然后讲理论,哪些是先讲理论再讲案例,这些都要心中有底。这样一来,学生学得更快更好,知识也更加牢固,起到让学生"终身不忘"的效果。

2. 首创"兜圈子"与"抖包袱"

大学是开放式教学,学生即使选了课也可以自由选择"逃课"。这激发了我的斗志,在我眼里,有学生

"逃课"就意味着我的课讲得不够精彩，不够吸引人，这是我决不希望出现的情况。我认为，在教课过程中，吸引学生最好的方式就是师生互动。在我的课上，我会想方设法不让学生轻易地松懈下来，始终处在一个紧张的状态。凡上过我课的学生都知道，上我的课必须聚精会神，如果不小心一个晃神，说不定就错过了一个重要的案例或者理论，而更"可怕"的是"被递话筒"。在我的刑法课堂上，尽管上课教室里人气爆棚，十分拥挤，但是只要有可能挪步，我总喜欢在教室里"兜圈子"，踱着步子走来走去。刑法课上，我的舞台不局限于讲台上，我随时随地在走动，讲完一个案例，提出一个问题，手中的话筒就随手递给旁边的一位同学，让其来发表自己的看法。我一边走、一边提问，并随时会把麦克风依次递给学生，请他们一个个地回答问题。刚开始的时候学生确实有些不习惯，甚至害怕话筒传到自己这里。但之后会发现自己上课的注意力集中了不少，能真正学到很多知识。有时候，学生回答问题明显思路走偏了，我仍然会不依不饶，像在法庭上辩论一样，继续"盘问"学生，或者干脆发起一场讨论，直到学生们意识到问题所在。课堂上，某个学生今天在课堂上表现很差,僵在那里,回答问题遭到同学哄笑,他就印象深刻了。问题的答案是什么,切入点在哪里,他就记住了。今天他犯傻了,明日走上法庭,他就不会犯傻。以前的学生腼腆,现在的孩子外向,他们更希望得到关注,发言的欲望更强烈。于是,我现在上课跑动距离更远,范围更大。我还会主动将话筒递给坐得远的学生,而不是前排积极举手的学生。通过这种方式让每个学生都能保持兴奋度。

"上我的课从来没有学生睡觉。上我的课还要睡觉,那只能说明你确实要睡觉了。"这句话出自我的课堂经典语录,也在我的课堂上被充分印证。我之所以会像巡逻般地从教室最前排走到最后排,最大范围地调动学生参加课堂讨论,"逼"着学生用所学得的法学理论解决实际问题。我发现,很多学生光会背法律条文,真正要用的时候就不行了。所以在我的课上,我经常见缝插针地告诫学生一条"真理"——读大学,必须要上课。这句话其实非常有深意,我是想通过这句话告诉学生们,网络资源越来越丰富,很多学生给逃课找了堂而皇之的理由,认为知识可以在网上学,可以自学。但是,这种观点毫无疑问是不正确的,我就要用自己的实际教学,用自己的课堂发问,打消学生们的这种念头。

除了递话筒这招外,我还独创了类似相声的"抖包袱"的教学方式。我的问题答案绝对不会是显而易见的,我会让学生一步步进入我设置好的"陷阱"里,当学生意识到自己的回答有误的时候,我才把"包袱"抖出来。这样的效果很好,学生知道是因为自己专业知识的不足而陷入困境,听到正确的答案时就会恍然大悟,从而记得更牢固。

我的课之所以能够吸引学生,还和我的上课内容紧紧扣住社会热点有关。这些课堂"调味料"都是鲜活的、发生在身边的案子,也成为课堂讨论的热点,借此来吸引学生积极参与课堂讨论。上过我课的学生都知道,我有时候一站上讲台就兴奋,手会自觉不自觉地比画着,仿佛眼前放着"刑法的宝库",每个知识点信手拈来即用即剖析,我的情绪能够通过讲课方面让学生感受到,调动大家的积极性,集中精力。引用最新的案例到课堂上和同学们一起分析,是我一贯的教学风格。理论要接地气,要能在实务中解决实际问题。我上课使用的一些案例,是过去毕业的一些学生来请教我的，他们如今很多都在检察院和法院系统工作，在判案中遇到了困难。我把我的观点告诉他们，但同时强调这是我的个人观点。在课堂上也一样，我会明确告诉学生，哪些案例在检察机关内部会引起争议，争议的焦点是什么；哪些案例法院还没有宣判，我们可以继续关注。

比如，在讲到罪刑法定原则时我经常会讲佘祥林的案例和美国辛普森的案例。通过这两个案例，告诉学生两点关键的知识点，第一，我们应该坚持"疑罪从无"的理念，并对"疑罪从轻"的观念进行检讨。第二，我们将通过比较佘祥林案件和辛普森案件，进一步理解"绝不放过一个坏人"和"绝不冤枉一个好人"这两个观念之间的本质区别，进而，我们应该明确地坚持"绝不冤枉一个好人"的理念。通过我课堂上的授课，将辛普森案件与佘祥林案件进行比较之后，学生们发现，辛普森案件中能够证明辛普森是有罪的证据，要远远多于证明佘祥林有罪的证据。而且按照一般的判断，前妻和前夫的矛盾往往比夫妻之间的矛盾深，因此辛普森杀前妻的可能性要远远大于佘祥林杀妻子的可能性。最后的结果却是，辛普森被无罪释放，佘祥林被判故意杀人罪服刑十一年之久。启发学生进行下一步的思考,那就是,为什么会发生截然不同的结果? 通过对比,把"绝不冤枉一个好人"的理念和"绝不放过一个坏人"的理念的利弊,充分展现给学生们。

在我的课上,通常会让学生们回答一个问题,那就是"绝不冤枉一个好人"和"绝不放过一个坏人"是不是一定都是矛盾的? 通过激烈的争辩后,我把我自己的观点告诉学生们。我认为,大多数情况下可能是不矛盾的,也即并不是说"绝不放过一个坏人"就"一定要冤枉一个好人"。只有当案件存在"有疑"的时候,也就是可能是犯罪也可能不是犯罪的情况下,坚持哪一个理念,最后得出结论是不同的。"绝不冤枉一个好人"和"绝不放过一个坏人"的侧重点是完全不一样的。"绝不冤枉一个好人"着重强调对人的基本权利的保护,而"绝不放过一个坏人"则主要突出对人的行为的惩治。我认为,无论从现代社会的刑事理念来讲,还是从有利于被告人精神的角度来讲,哪一个理念先进,哪一个理念不先进,显然是一目了然的。但是,这种观念上的转变难度很大,包括我在内,也没有这么高的境界,也达不到这么高的境界。由于长期以来受传统刑事司法理念影响,在司法实践中,我们很难达到"绝不冤枉一个好人"的境界。但是,"绝不冤枉一个好人"的理念是一种发展的必然趋势,因为我们最终要贯彻有利于被告人的精神。

通过这种案例的比较,让学生能够直观地对刑法学的一些基本理念有一个比较清晰的认识。我认为,刑法学是一门应用性和实用性很强的学科,用贴近生活的例子讲课,自然会让学生的思维跟着老师走,通过一些判例,再去抓刑法理论问题,就会让学生记得住、弄得清,并由此提高我们关注社会和解决社会问题的能力。这里就又要回到我之前一直提的那句话了,那就是"没有教不好的课,只有教不好课的老师"。我相信,只要努力,不断站在学生的角度去思考怎么授课,自己的讲课肯定就会受到学生欢迎。

(三)从未离开过本科生课堂

1. 上课从不吃"老本"

我身为教授、博导、国家教学名师、上海市教育功臣、上海市重点学科刑法学科带头人、国务院政府特殊津贴获得者,按一般人的看法,如此有名望的教授可以不用站在三尺讲台上为学生授课,但是我不仅几十年如一日地给研究生、博士生辅导,还依旧坚守本科生的课堂,而且还亲执法学第二学位的教鞭,每周六都给选修法学第二学位的本科生上刑法课。由于选修学生过多,我不得不把学生分成两个班,上午讲一遍,下午讲一遍。尽管一部刑法在我心里已经滚瓜烂熟,但在我看来,每堂课都是不一样的。因为上课的学生,年年都是不一样的,而外面的世界也不停地在发生变化,社会环境在变,刑法课也必须是"与时俱进"的。我上课从不吃老本,每堂课都有变化,我会将最新的研究成果充实到讲课中,将最前沿的法律问题带到课堂上,使学生从我的课堂上有真收获,而我自己也能温故知新。即便我已经是"颇有名望"的专家,但我每次上课前,都要花时间备课,精选案例。一节课上四十五分钟,但我备课就要花两三个小时。什么时候讲理论,什么时候讲案例,如何穿插效果更好,这些教案都要经过精心设计。我一直认为,教学是老师立足之本。我爱学生、爱教师这个岗位。我自己很享受给本科生上课时大教室的那种活跃的气氛。当几百双眼睛盯着我,学生乐于回答我所提出的所有问题,情绪随着我的课而舞动的时候,收获感、幸福感油然而生。我也乐于接受学生对我课的评价。看到评课系统上的数据和评价,我不会嗤之以鼻,而是耐心分析。我也常常对自己的课抱有危机感,我不是怕青年教师超过我,而是怕自己的课上得不好,教学的效果没有达到。

在华政教书近四十载,最让我感到自豪的一点是,"我绝大多数时间里没有离开过本科生课堂"。但我也感叹,包括华政在内,如今的大学里年轻教师越来越多,科研压力一大,很多老师难免对教学有所懈怠。问题在哪里? 我认为,很多老师还没体察到教学的真正乐趣。举例来说,备受关注的复旦投毒案一审判决的第二天,我就带着一肚子备好的问题走进研究生课堂。"投毒人林森浩被判死刑,你们怎么看?"这是典型的"宪哥授课法",我讲课都是从最新鲜、最受关注的热点案件讲起,从上课的第一分钟起,就把学生的注意力牢牢抓住。不少学生告诉我,我们感觉"判重了"。这堂课上,最初有超过六成的学生觉得判死缓或许更合适。"理由呢?"我像苏格拉底一样盘问学生,我得到的答复是："被告太年轻了""被告是高学历者,死了太可惜"……"如果林森浩不是大学生,是农民工,投毒把同伴毒死了,你们觉得会怎么判?"我突然这么一问,全班学生被镇住了。在这节课的后半段,我结合我国刑法,细细地跟学生们分析林森浩一案应该适用死刑而非死缓的具体原因。围绕这一案例,我还可以继续展开,"为什么复旦投毒案是故意杀人罪而不是危害公共安全罪中的投放危险物质罪?"我把话筒送到一个学生面前,学生一时语塞,话筒马上转向下一个学生:"因为有特定的对象。""那么,福建南平在小学校门口用刀抹学生脖子的行为,其对象也不特定呀,为何是以故意杀人罪定性呢?"我接着问,话筒又转向另一个学生,学生再一次"无语"……我的课堂非常紧凑,我总是"抓着"学生一起思考,节奏很快,根本来不及分神。实际上,我之所以多年"迷恋"课堂,正是因为我知道,一线课堂才是老师真正锤炼学问的最好场所。"法律是死的,条条框框就这么点内容;但现实生活瞬息万变,案件更是纷繁复杂。结合具体案例,向学生精准地解释法条适用的范围,这是当老师必须要过的一关。"在华政,我平均每年为本科生、硕士生、博士生上课五百余课时，年均指导五十余名法学本科生的毕业论文以及毕业设计。由我亲自指导的本科生毕业论文，获"优秀"总评成绩的要占指导学生数的35%以上。2020年由于突发的新冠疫情，我的课也转到了线上。虽然是线上授课，但我同样拿到了线上教学的一等奖。我在"教授加"平台上做的公益讲座，收看率达到二十五万人次，为全国最高。网络课的授课习惯不同，我们身为教师无法有效跟学生互动，但形式空间的改变对我影响不大。我认为，只要课程内容好，讲得精彩，学生就一定爱看。有学生给我留言说，他足足回看了四遍讲座，这一点也让我非常感动。

2. 教学和科研齐头并进

当然呢，这几年"内卷"越来越严重，我也不得不承认，近年来高校老师们肩头的科研压力与日俱增，最明显的是评职称，科研强的可以破格，可若是教学强呢？十之八九要再等等。学校之间较劲也是如此，科研拼得厉害，老师上课好不好，一般都不列入统计和评估范围。正是在这种"重科研、轻教学"的指挥棒效应下，很多昔日的大学教师变身科研"大牛"，同时也成了学校里的"影子教师"——本科生的课堂根本见不到他们。在很多公开场合,我都会借着自己在学术界还有点话语权,每次都抓住话筒呼吁:大学扩招后,盘结在高校本科教学的矛盾已很明显,成为制约国内大学发展的瓶颈。这个瓶颈不破,高等教育是没有希望的。有时候,为了给更多学术"大牛"以善意提醒,我不惜当"刺头"。有一次,我甚至半开玩笑地"挑战"了一位学术名家。我对他说:"不同的研究领域,比不出学术水平高下,不如比上课,都是当老师,就比谁教本科生时间长,谁更会讲课?"不出所料,这位名家成了我的"手下败将"。事实上,我评上教授前,没有拿到过一分钱的课题经费,那时当老师,大家想的就是教书,站稳讲台。我一直直言不讳,现在很多老师的课题经费已经多到用不完,但"上课的本分"却守得不够好。

其实,我觉得本科生的课堂有个很微妙的地方,在你面前的学生专业知识很少,很多都是"白纸一张"。给本科生上课,考验一个老师的功力——最基础性的理论,你每一条都清楚吗?你讲的内容,别人能接受吗?单从经济利益来说,上课确实"吃亏"。花同样的时间,做科研、发论文"一本万利"。比如,你在重量级的刊物上发表一篇文章,那名气一下子就起来了。行业里、学校里都知道你"牛",获得的奖励更不要谈了——如果靠上课(要得到同样的物质奖励),那得上好几年!但做人,眼光一定要放长远。大学里,有些大牌教授常年只带几个博士,不怎么给本科生上课。刚开始他们不觉得,后来就会发现,自己的学术方向不经意间越做越窄,久而久之,自己的"武功"都会退步,这才叫"亏大了"!虽然现在对老师考评的"指挥棒"确实有点问题,有待改进,但这也不能成为大学教授不给本科生上课的理由。教书是本分,也是一个不断锤炼自己的"练兵场"。我从一开始就告诉自己,不能"一条腿走路"。教学和科研,两者并不矛盾,两手都要硬。

时至今日,我的学术论文已经发了八百多篇,出版著作八十多部。在华政,我的科研量每年都排在全校前列,在全国,我也是一直蝉联中国法学高产作者的称号,从无间断过。因此,我非常感谢本科生,给他们上课,我可以不断巩固法学领域方方面面的知识。所谓教学相长,给本科生上课也提升了我的学术水平。有时候,带研究生和博士生做某个专门领域的研究,思路难免偏狭;给本科生上课,可以获得很多灵感。在我看来,那些"高高在上"的大教授远离本科生,其实才是吃亏。本科教育是人才培养最重要和打基础的阶段,如不加以重视,高等教育就没有前途。身为大学老师,给本科生上课是本分,这份本职工作必须要做好。再大牌的教授,都要不忘初心,不能忘本。有学生形容我是儒雅的学者、睿智的教师、雄辩的律师。但被问起哪个角色能让我收获最多的幸福感,毫无疑问,我的答案是做老师。我把青春献给了华东政法大学,回过头来看,我还是最适合做老师。

3. 做明德传道的"人师"

在教学过程中,我也一直在思考,政法大学应该培养怎样的法律人。多年来我一直坚持在教学一线,除了带研究生外,给本科生上课,做讲座等也从来不间断。我认为,政法大学培养的学生,除了动手能力强之外,一般的法律人格、扎实的专业知识也要比别人强,所以我们的课堂教育主要在专业的基础知识上下功夫。重视本科生、重视本科生的教学,好的大学理应如

此,好的老师理应如此！我一直赞同一种观点,那就是
"法律人在很大程度上是操作者"。如果没有扎实的
本科基础,找不到理论与实践的结合点,对我们未来的
进一步学习是会有阻碍的。在法学本科生扩招的背景
下,在本科生教育从"精英化教育"转为"大众化教育"
的过程中,国家投入很多,我们教师要对得起国家的投
入。我们现在就应该在大众化教育的平台上,尽可能
做多一点精英化的思考和事情。多一点观点的沉淀,
多一点理念的变化,多一点教学手段的变化,多一点教
学内容的充实。而要做到这些,老师应该经常有一种
"危机感"。所以,我时常督促自己、提醒自己:要上好
每一节课!

高校教育中教师的义务远不止于课堂之内的授
业,更重要的是通过与学生的近距离接触、倾听讨论、
沟通交流,引导学生人格的塑造,以自身的人格魅力让
学生感受到从事法律职业的责任所在。我的目标不仅
是成为一名授业解惑的"经师",同时我还要成为一名
明德传道的"人师"。对华政的学生而言,他们在我的
课堂上不仅仅是踏进了法律之门,我是要让学生们在
我的言传身教中尽快成长成才,在我的教导指引下开

始对公平正义的追求,并逐渐懂得自己身为法律人的责任。这就是我一直以来的奋斗目标。我在授课时反复告诫学生,刑法学的基本理论,关系到每一个老百姓的生计、自由乃至生命,每一位法律工作者在处理每一个法律问题时都必须慎之又慎。"做好学问必须要先做好人。"这是我时常挂在嘴边的话,也是我跟学生强调最多的一点。我坚持以诚立身、以心育人,在为学生传授知识的同时也注重对学生道德情操的培养。在课堂中,我通过案例分析,潜移默化地让学生意识到在提高法学业务水平的同时更要将正确的道德观、世界观贯穿始终。在对当下发生的一些事件进行分析的时候,我会告诉学生,普通老百姓是从什么角度看的,法学专业人士又会是什么样的观点,这二者有时候会走两个极端,那作为法律专业的大学生,又该从哪个方面来理解和分析。在我看来,学法学的学生的社会责任是很大的,法平如水,我们一定要在大学的教育中让其树立正确的价值观。只有这样才能让学生在今后走上法学这条职业道路的时候以公正的形象出现,不丧失基本的道德。

思想的活跃度、专业知识的水平都是后天可以弥补的,但做人这方面必须要认真培养,而且必须要从小事抓起。上过我课的学生都知道,我绝对不允许学生迟到,这是我的规矩。我为什么这样要求,因为今后从事法律工作的人如果在这些小事上都做不到,何谈今后的成功呢。在我的心中,只有做事踏实认真、自信不自负的人才能做好一件事情。我常常用自己来做例子引导学生。作为一名教授,我讲的普通话不是很标准,演讲水平也不是最好的,但是这不能成为我做好教学工作的障碍,我可以用我讲课内容的深度、专业知识的厚度来弥补自身的不足。我常常提醒学生和青年教师不仅要看到自己身上的闪光点,也要看到自身的缺陷。有什么不足的地方都要通过自己的努力认真弥补,才能不断进步。为了帮助学校里的青年教师提高课堂教学质量,我有针对性地做了两件事:一是做院长时会到年轻老师上课的课堂上去听课,针对每个人的情况,给他们提意见、出主意;还有一件事就是亲自上示范课——我几乎每学期都要给学校年轻老师上 1—2 次课,专门传授"把无聊的课上得有趣的方法"。我要通过现场的示范教学,让青年教师在 2—3 年内熟练掌握课堂教学、课后答疑、考试命题等各教学环节。

有些杂志和社会上的一些人把我称为"法学教育家",我当然觉得受之有愧。但是,我知道法学老师最重要的任务之一就是要带领莘莘学子,步入法学殿堂、培养法律信仰、领悟法之真谛。我曾在课堂上说过:能够在讲台前得到这么多学生的信任,在我看来是非常可贵的,我很珍惜法学教师这一职业,也热衷于经常与大家一起探讨刑法的问题。教学之路虽然辛苦,但是每次看到学生们学有所获,付出再多辛劳也是值得的。正是基于这么多学生的信任,我从教近四十年,从来没有放松过对自己的要求,诲人不倦,不断激励、鞭策我的学生们,给他们不断前行的力量源泉。

很多时候是因为学生喜欢老师的课,从而喜欢老师这个人,有时更会因为喜欢老师这个人而对老师所讲的课产生浓厚兴趣,甚至会因此改变学生的专业取向、职业发展,进而影响到学生的"命运"。我培养的一些学生如今在各大高校担任刑法教师,其中不少人原本并不是法学专业的,有些是学习计算机学、经济学的学生,正是因为他们选择了华政法学第二专业的学习,聆听了我讲的刑法课,感受到了刑法学世界的无限魅力,才开启了刑法学的研习之路,最终也成为了一名刑法学的专业教师。我每年坚持完成学校教学工作量五百余课时，先后培养博士生一百五十余名，硕士生四百余名，本科生数万名，为我国法治建设培养大批高层次的专门人才。在理论和实务部门，我培养的学生许多已成为法院院长、检察长、高校的教授和博导。我指导的博士中有四人获得上海市优秀博士论文奖，三人获得全国刑法学优秀博士论文奖，率先实现华政"优博"零的突破。这是我非常自豪与骄傲的一件事。

大家都知道，我曾经连续十七年担任法律学院的院长，既抓科研，又忙于教学，同时还担任行政工作，对于我来说，三管齐下同时抓，时间可谓非常宝贵，平时的忙碌也可想而知。我自己平时几乎没有休息时间，当其他人在享受假期的时候，我还在办公室里忙碌着，我的办公室可以说是华政利用率最高的。一年三百六十五天，只有半天是我留给自己的休假。大年初一的上午，我要去走亲戚，问候家里的老人，吃个团圆饭。从大年初一下午开始，我就到自己的工作室了。我休息的时间比较短，哪天如果没课、不开会，上午八点前我就到工作室了，自己看书、写东西，有时一整天都在做科研。我办公室的灯，是整栋楼里最早亮的。以前年纪轻,晚上天天加班,走得最晚。现在年纪大了,精力有限,我晚上就早一点走,在家做一些资料整理工作。虽然我如此繁忙,但我仍然会花大量的时间与学生交流,无论是推荐就业就学,或是坐班答疑解惑,还是专业读书学习,坚持二十余年,年均接待学生二百余人(次)。因此,学生们都亲切地称呼我为"宪哥"。

以前每年学校的迎新晚会上,我总是与学生同台表演,而我唱的歌也成为晚会上的必备项目之一。我平时喜欢唱唱歌,我心态还是很年轻的。当有人问起我,作为一位和学生有着不小年龄差距的刑法学教授,为什么却能和学生走得如此近时,我觉得这与我所学的法学科目也有关系。法学本身,容纳性是比较大的,它是社会应用性的学科,从事法学研究工作与社会各个阶层人接触都不会有太大障碍。句句不离本行的我,跟学生没有代沟,相处的过程中,我从不摆出老师的那套架子,而是跟学生平等地对话。有的学生失恋了、就业遇到困难、平时生活中碰到难题,他们总是会到我的办公室,和我聊一聊、谈一谈,不经意间就在我的只言片语中把心结打开了。华政很多学生想要出国,大多都会来找我签推荐信,对于学生的求助,我能帮的忙总会尽力帮助。我记得我女儿以前申请出国,到大学到处找教授写推荐,那个难啊！我感同身受,所以现在有学生找上门,哪怕不是我这个专业的,我也会给他们签字。有些教授每年只推荐十位学生,额满为止。那剩下的学生怎么办？这个字不签,学生可能连出国的机会都没有。他们不是去做坏事,是为了求学。尽管时间对我来说是宝贵,但只要可能,我愿意为学生做点事情。

（四）连续二十年的"我心目中的最佳教师"

他们说,五零后的我,是九零后甚至零零后大学生的"偶像",我并不感到意外。作为一名法学教育家,近四十年的教学生涯,我几乎囊括了教坛最重量级的荣誉,有许多甚至是高校法学教师或文科领域独一无二的荣誉。比如,全国先进工作者、首批国家高层次人才特殊支持入选者、国家级教学名师、上海市教育功臣、全国优秀教师、上海市教书育人楷模……从教近四十年,我获得的各种奖项确实数不胜数,我头上的"光环""帽子"也不少,但我自己最在乎的、最看重的,恰恰是全校学生经过海选投票评出的华东政法大学"我心目中的最佳教师"的称号。

虽然这个称号与自己的职称、工资和奖金收入毫无联系,但是我本人特别看重这个称号。我认为,这是学生自己投票评选出来的,是学生对我最好的肯定,而能够获得学生的肯定就是我最开心的事。我曾经放下豪言,要连续拿二十届华政"我心目中的最佳教师"称号!如今,我也已经做到了。截至 2018 年,华政"我心目中的最佳教师"评选共进行过 24 届,我连拿了二十届(1999—2018 年),前四届因为我在新华社香港分社参加香港回归的相关工作,没在学校开课,因此遗憾未能参评。这是对年均三千门(次)课程的五百五十余名专业教师的评价和票选,我是华政迄今为止唯一一位获此殊荣的教师,开创了华政的历史先河,创造了一个华政的"吉尼斯"纪录,可谓前无古人,后亦难有来者。华政"我心目中的最佳教师"这个奖项没有任何官方色彩,没有任何实际利益回报,全部由学生投票产生,奖品只是一个奖牌或奖杯。可就是这个奖牌恰恰最能体现一名老师的教学魅力。在我看来,连拿二十届"我心目中的最佳教师"，这不仅需要体力的支撑，更是一种自我加压。这种"压力"成为激励我不断努力与进步的动力：时时告诫自己不能松懈。也正因如此，在2018年我被授予了华政唯一的"最佳教师终身成就奖"，在2019年我获得了华政首届"杰出教学贡献奖"，成为华政至今唯一包揽"杰出教学贡献奖"与"杰出科研贡献奖"的双栖教师。我相信只要继续参赛，肯定还能拿奖。不过，我现在不参与评选了，因为我想把更多的机会留给我们华政的众多优秀的年轻老师。我想让这些年轻老师了解到，金杯银杯都不如学生的口碑。作为一个老师，把课讲好才是最重要的。从2018年9月开始，我就已不再开本科课程，但我依然关心本科教育，仍然时不时地给本科生开讲座。学生如果想听我讲课，还能在讲座中听我的课。有学生说听不到我的课很遗憾，我对他们说，以后想来完整听我的课，就努力考硕士、博士吧！华东政法大学欢迎大家！

几十年如一日，数十载弹指一挥间，我始终践行着"笃行致知，明德崇法"的华政校训，从五零后、六零后到如今的零零后，我教过的学生已横跨了大半个世纪。

同学们发自内心地褒奖我，夸我是一个风趣幽默、平易近人、博学多识、能改变学生命运的老师，这是我身为一名高校教师最自豪也是最开心的事。

三、科　研

（一）专业研究孜孜不倦

我一直认为人的学习要勤于学而敏于思，始终追求刑法学前沿领域的研究。早在 20 世纪 90 年代初，结合上海经济社会发展的特点，我当时认为研究的核心应当在经济刑法领域，并进而对上海乃至全国多发性的金融犯罪、证券期货犯罪、涉信用卡犯罪等开展专门的研究，取得了较为成熟的丰硕成果。我首次提出了经济刑法、金融犯罪等领域系统、完整的刑法学理论体系，填补了当时国内研究空白。相关研究成果引起国内法学界的高度关注，也因此在国际法学界获得了比较高的知名度。

近年来，随着网络技术和金融行业的快速发展，我在包括互联网金融犯罪以及人工智能时代刑事责任与刑罚体系重构等多个创新领域实施科研攻关,为解决新型金融以及网络犯罪问题提供了极为重要的新思路、新理念、新举措。相关研究成果也得到了理论界和实务界的高度认同。在超级计算、大数据、互联网、类脑智能技术等新理论与新技术的推动下,人工智能成为了全球瞩目的科技焦点,我率先提出了应加强对人工智能时代刑事责任演变研究的观点。我在 CLSCI 期刊以及其他法学核心期刊上发表大量相关的论文,获得了丰硕的科研成果,形成了独特的学术思想和较为系统的研究体系,开创了人工智能刑法规制研究的先河。

1. 金融证券期货犯罪问题研究

对于金融犯罪中刑民交叉问题,我首创提出"刑事看行为,民事看关系"理论。即刑事始终关注的是行为人主观意识支配之下行为的性质,而民事则主要关注的是基于当事人的行为所产生的各种法律关系。由于刑法所规制的行为均是严重危害社会的行为,因此,刑法对犯罪行为规制或调整的"触角"是前伸的。

也即只要对刑法所保护的社会关系有可能导致侵害的行为，刑法就可能纳入评价的范围，如刑法中有预备、未遂和中止等可能导致危害发生的行为形态规定。所以，"刑事看行为"。但是，民法则有所不同，其主要关注的是当事人行为所产生的关系。这是由于民事法律对于侵权行为的规制或调整均是以实害为标准。正因为此，其关注的重点当然只能是侵权行为所导致的法益实际受侵害程度，其追求的也必然是实际被侵害社会关系的恢复和补偿。所以，"民事看关系"。在金融犯罪领域，我也常常对金融热点案例进行刑法解析。在分析许霆案时，我首先提出了"ATM 机既不是机器也不是人，而是机器人"的观点。我认为如果行为人利用"机器人"所具有的"人"的认识错误非法占有财物，其行为理应构成诈骗类的犯罪；而如果行为人只是利用"机器人"本身具有的"机械故障"非法占有财物的，其行为当然应构成盗窃类的犯罪。要正确判断"机器人"能否被骗，关键看其是否因为行为人的欺骗行为产生认识错误，这就要从"机器人"的识别能力与识别方式上考虑。具有识别功能的 ATM 机与自动售货机，均可以被视作"机器人"。单纯的机械不能被骗,但具有识别功能的"机器人"则完全可能被骗。

　　网络科学技术的飞速发展使支付方式发生一轮又一轮的革新,新型支付方式主要是以手机银行支付与第三方支付为代表的网络移动支付。面对新型支付方式的产生,我认为不应去探求支付模式背后新的法律关系变化,而应当牢牢把握行为的基本性质。新型支付方式下民事关系的复杂性不应当成为影响网络侵财行为定性的原因。判断新型支付方式下侵财行为的性质应该针对"行为"本身进行分析,不应让新型支付方式中的诸多主体之间复杂的民事法律关系影响对网络侵财犯罪行为的分析和判断。对于犯罪的认定要始终围绕"行为"本身,行为背后民事法律关系的变化并不一定会影响犯罪行为的性质。"刑事看行为,民事看关系"是用刑法和民法评价同一行为时需要从不同角度坚持的原则。

　　我坚持新型支付方式下网络侵财犯罪的本质仍然是侵财犯罪,其不属于信息散布型网络犯罪,亦非特殊时期、特殊领域内的网络犯罪的看法,对新型支付方式下网络侵财犯罪的刑法规制坚持"从平"处理即可,毋须考虑"从重"或"从轻"。目前司法实践中对新型支付方式下网络侵财犯罪行为分别以盗窃罪、诈骗罪和信用卡诈骗罪定性。由于新型支付方式下网络侵财犯罪与传统侵财犯罪的刑法规制和惩罚的思路并无二致，因而对新型支付方式下网络侵财犯罪的定性思路可以遵循对传统侵财犯罪的定性思路。网络技术的参与并不一定会改变大多数犯罪行为的性质，网络侵财犯罪属于典型的社会危害性未发生质变的犯罪，其中的网络技术只是行为人实施犯罪而使用的工具，因而对于犯罪行为性质与传统犯罪无异的网络犯罪处理应当坚持"从平"原则，即网络侵财犯罪应当按照传统侵财犯罪的罪名定罪处罚即可。

新型支付方式并不是完全崭新的，虽然我国并没有将新型支付平台纳入金融机构范围之中，但是，新型支付平台所从事的业务也完全具有或者并未脱离金融业务的属性，将新型支付方式理解为银行等金融机构开展金融业务的"通道""延伸"似乎更为合适。新型支付平台的功能已经不仅停留在支付业务上，还涉及贷款等其他金融业务。虽然从民事关系而言，不同类型业务开展的主体存在不同，但对于犯罪的认定而言，侵财行为都是围绕新型支付平台得以实施的，因而都属于新型支付方式下的网络侵财犯罪。新型支付方式下网络侵财犯罪行为的性质可能因所涉金融业务的种类不同而存在一定差异,但这是由行为所侵犯的不同客体所决定的,单纯民事法律关系的改变不会影响行为的性质。因此,如果行为人利用新型支付平台中的支付业务实施侵财行为,其本质上与利用信用卡实施的侵财行为并无二致,应当认定为信用卡诈骗罪;如果行为人利用新型支付平台中的贷款业务实施侵财行为,其性质等同于贷款诈骗的行为,应当认定为贷款诈骗罪。

面对新型支付方式下网络侵财犯罪认定的诸多疑难问题,可以通过制定有关司法解释或者颁布具有代表性的指导性案例,以解决新型支付方式下网络侵财行为司法认定不统一的问题。司法解释和案例指导制度并非相互替代的关系,而应当是平行的两种重要司法规则。制定司法解释有助于从规范角度高效率地统一司法认定,而遴选相关指导性案例有助于对疑难问题的论理与解释,两者相辅相成。

2. 信息网络犯罪问题研究

在大数据时代全球化、信息化、网络化的背景下,我在包括涉信息网络犯罪等多个创新领域实施科研攻关，为解决网络时代新型支付方式下侵财犯罪等问题提供了极为重要的新思路、新理念、新举措，这些研究成果有幸得到了理论界和实务界的高度认同。

我认为互联网金融是指以依托于支付、云计算、社交网络以及搜索引擎等互联网工具，实现资金融通、支付和信息中介等业务的一种新兴金融，是传统金融行业与互联网精神相结合的新兴领域。互联网金融是一种新的金融形态，是现有金融体系的有益补充，其已成为我国金融创新和未来发展的趋势，对推进我国的金融改革、提升金融服务，起到了非常积极的作用。互联网金融绝不仅仅是互联网和金融业的简单结合，而是利用互联网的大数据、云计算及智能搜索等技术优势，对传统的金融运行进行改造，从而衍生出互联网技术支持下能适应新需求的新型金融模式，其对于实现金融改革的多项目标都展现出了明确的价值，在实现普惠金融、提高金融效率、加强竞争、打破垄断方面的作用尤为突出。

基于我国经济体制的限制，以及互联网金融本身尚缺乏完备的征信体系和规范的融资模式，电子信息系统的技术性和管理性也均尚存较大缺陷等原因,互联网金融领域存在较大的刑事风险。我认为,由于我国市场经济体制建立时间不长,金融市场的开放程度较低,因而我国的金融资源几乎由国有金融机构垄断,国有商业银行很大程度上控制了金融资产和市场。为维护这种国有金融垄断局面,也为了便于对经济的宏观调控,我国相关的法律规范对吸收公众资金的行为予以了严格管控。因此,民间融资往往会被扣上"非法集资"的帽子,特别是当其造成一些较为严重的社会危害后果时,通常会被司法机关以"擅自设立金融机构罪""非法吸收公众存款罪""非法经营罪""集资诈骗罪""擅自发行股票、公司、企业债券罪"等罪名追究刑事责任。

此外,互联网金融的业务及大量风险控制工作均由电脑程序和软件系统完成,故而电子信息系统的技术性和管理性安全会直接影响到互联网金融运行的安全。由于我国目前互联网金融本身尚缺乏完备的征信体系,电子信息系统的技术性和管理性尚存较大缺陷,因而互联网金融就容易被一些不法分子加以利用来实施一些违法犯罪活动,而这实际上也属于互联网金融所衍生的刑事风险。因此，我认为无论是从经营正当互联网金融业务的角度来看，还是从利用互联网金融实施违法犯罪行为的角度来看，互联网金融活动均存在较大的刑事风险，由此也就凸显了互联网金融刑法规制的必要性。

我还认为，经营正当互联网金融业务本无可厚非，但在我国未实现利率市场化、未取消某些行政许可制度的情况下，即便是经营正当的业务，也可能因违反相关行政规定而构成刑法规定的相应犯罪。而对于明显构成犯罪的行为，如若不进行定罪处罚，似乎也有悖于刑法平等适用之基本原则。面对互联网金融活动所存在的各种刑事风险，尤其是其所产生的各种新型的犯罪类型，我国的现有刑法规范似乎有些捉襟见肘、无所适从。对此，法律适用者应秉持刑罚积极主义立场在罪刑法定原则所能够允许的最大限度内，尽可能地扩充刑法规范的供给，以尽量弥补成文法典自身可能具有的滞后性特征，适应现实社会的需要，使刑法在社会保护中发挥更重要的作用。

同时，我还认为，互联网金融是一种重大的金融创新。如果随意将某些具有"创新性"的互联网金融活动定性为犯罪,在法律没有明确规定的前提下,禁止所有未经批准的互联网金融活动,可能无法满足我国经济持续发展所产生的合理资金需求,这显然与我国保护投资者利益的公共政策相悖。从长远来看,过度动用刑法,可能会阻碍一个新行业、新经济的兴起,也可能会阻滞一种创新性服务模式的兴起以及相关的技术革新,最终甚至堵塞经济的生长点。因此,有效防范互联网金融活动演化为犯罪的正确策略应当是放开与引导,并对症下药,针对国家金融体系的缺陷进行制度构建和完善,开放市场以破除金融资源高度垄断的局面,构建自由、合理的金融制度。从制度构建和政策制定上提供更便捷、更广阔的融资渠道和金融服务,而对互联网金融活动的刑法规制则应当保持较大程度的限度性与克制性。如果过度动用刑法并以此作为掩饰制度缺陷并强行维持现状的手段,当然就会违背刑法补充性原则之精神,也与刑法谦抑之本性相悖,从而不但会致使刑法陷入"纯工具论"的立场,而且还会阻滞甚至扼杀金融创新并影响经济的发展。针对互联网金融,刑法理当进行限缩性规制,摆正其作为社会"最后一道防线"的地位。对于那些利用互联网金融实施的违法犯罪行为,刑法应予以严厉的惩治和打击,而对于那些因经营正当的互联网金融业务活动而不得已或不小心触及刑事法网的行为,则应予以适当程度的宽宥处理,以免阻滞或扼杀金融创新。

目前中央鼎力支持互联网金融市场发展,通过互联网金融创新的商业模式推动社会融资成本降低,有利于优化金融结构与倒逼传统金融体系改革,发挥金融对实体经济的支持作用。同时也应当看到互联网金融市场机制已经对金融市场法律监管构成重大影响,互联网金融创新是当前金融市场改革中必须重视的风险,也是对金融监管的重大挑战。特别是互联网金融市场中的犯罪行为,利用网络平台与金融机制创新机会,严重危害投资者资产安全,冲击既有金融市场法律体系。因此,当下亟须针对互联网金融的特征与趋势,充分运用刑事立法与刑法解释机制,建构有效的刑法保护体系。在保障网络时代金融市场创新的同时,维护金融秩序与投资者合法权益。互联网金融市场中的中小投资者、个人投资者,包括非理性繁荣环境下的机构投资者、成熟投资者,都是实施非理性金融决策行为的核心构成部分。如果将"严厉打击""零容忍"等传统刑事政策延续性地引入互联网金融市场刑法保护，那么，在真实的市场发展与制度实践中只有两种出路：违背互联网金融市场规律而不可能得到切实执行，最终停留于口号式宣传；逆市场竞争趋势而维护制度性控制与非理性交易行为支持下的市场，最终不仅损害互联网金融市场的价格发现效率，而且会引发资产泡沫或者强化市场价格的剧烈波动性，导致中小投资者出现更大的经济损失。

我认为，网络时代金融市场刑法保护应当以信息安全保障与金融风险控制为基本政策定位，优化市场调整机制与刑法保护之间的动态关系，实现互联网金融市场行政与刑事法律制度的联动立法。首先，建构以提升市场效率与刑法规范保护效率为导向的政策设计策略，在控制互联网金融市场犯罪、保护投资者权益的同时，兼顾作为市场固有投机因素作用于市场效率的经济价值，并在互联网金融市场刑法保护政策制定与实施过程中，将刑事处罚权力介入互联网金融市场对资本配置与价格发现效率的损害降至最低程度。其次，在刑事立法实践中，互联网金融市场保护与刑法谦抑理念并非一直处于理想化的平衡状态，往往会出现不平衡、不协调的情况，应当通过立法完善予以有效调整。互联网金融市场刑法保护的立法完善，应注重市场机制与不同法律规范制定、修改的协调性，在制度建构上充分体现互联网金融市场机制本身以及金融行政法律法规和刑法运作体系的特点。

在司法层面，有效规制严重违反风险控制规则的金融犯罪行为，优化信息披露司法审查机制，提升金融司法资源运作效率。金融市场行政法律和金融刑法旨在通过制度改革，为互联网金融市场建构一个可供其推动经济与金融体系发展的法律框架。金融市场刑法保护除了投资者权益保障之外，还应当包括金融市场效率、竞争、资本形成与流动、价格机制等更为周延的整体市场机制维护。而互联网与金融相互结合的核心价值正是在于提升效率与降低成本、强化竞争、加速资本资源流动、完善价格形成机制。这也构成了互联网金融刑法保护所追求的核心价值。恢复互联网金融市场信息失衡所产生的实际损害与有效惩治金融犯罪是刑法保护的应有之义，在对互联网金融市场中的特定类型行为规定入罪与出罪边界、特定案件行为启动司法评价时，效率、竞争、资本资源优化配置同样应当成为互联网金融刑法保护的考量范畴。在具体适用证券法、刑法等相关法律规范认定互联网金融市场犯罪过程中,应当以价值平衡为导向,紧紧抓住互联网金融在提升市场机制效率上的特点,重点保护金融市场法律中专门针对控制互联网金融市场与投资者风险、信息披露等所做出的改革性制度内容,通过刑事司法完善实现互联网金融市场刑法制度对投资权益与融资效率的均衡保护。

3. 人工智能刑法规制问题研究

随着技术的发展,人工智能时代已经到来。在现今的科学研究中,人工智能将成为各国科技创新所关注的重点。对于现实中出现的越来越多的涉人工智能违法犯罪问题,如何明晰人工智能技术的发展路径,明确涉人工智能违法行为的责任承担方式,并探索涉人工智能违法行为的法律规制路径,便成为我国法治建设的疑难问题。

我自 2017 年起便聚焦人工智能领域的刑法问题,致力于成为该领域的先行者和排头兵。特别于《东方法学》等核心期刊发表了人工智能刑事责任研究的系列文章并率先出版了多部著作，引领性地形成了较为系统的涉人工智能刑法理论体系，于《东方法学》发布的 2021 年智慧法治学术影响力 TOP100 作者中高居榜首，并获得 2020 年《东方法学》最具学术影响力作品 TOP20。我首先提出"强人工智能时代""弱人工智能时代""普通人工智能时代"的新型划分方式，同时认为人工智能时代产生和发展的历史是一部智能机器人的智能从无到有、从少到多的历史，同时也是一部"机器"的因素逐步弱化，而"人"的因素逐渐增强的历史。"智能"本来就是人所特有的，人工智能技术便是人类创造了本来只有自然人才具有的"智能"的技术。已经形成了独特的学术思想和较为系统的研究体系，开创了人工智能刑法理论研究的先河。近年来，人工智能技术蓬勃发展并日益受到重视。人工智能技术在促进经济发展、提高人民生活水平、为人类社会带来种种"惊喜"的同时，也会引发诸多风险和不确定性。明晰人工智能技术的发展路径，明确涉人工智能犯罪的刑事责任承担方式，促进技术进步、鼓励技术创新，并守住不发生严重风险的底线，是刑法始终应当肩负的任务。

　　根据发展形态,可以将机器人技术的发展历程分为普通机器人时代、弱人工智能时代和强人工智能时代三个阶段。普通机器人与智能机器人的区别在于,前者不具有深度学习能力,后者具有深度学习能力。后者又可进一步分为弱智能机器人和强智能机器人,二者的区别在于该机器人是否能够在自主意识和意志的支配下独立作出决策并实施行为,是否具有辨认能力与控制能力。弱智能机器人尚不满足这一条件。简言之,从普通机器人到弱智能机器人再到强智能机器人的"进化"史,其实就是一部机器人的辨认能力与控制能力逐渐增强、人之意识与意志对"行为"的作用逐步减弱的历史。随着智能机器人的不断进化,人与智能机器人在对"行为"的控制与决定能力上存在着此消彼长的关系。鉴于自我决定、自由意志是刑事责任能力的内核,当自我决定、自由意志的主体发生变化时,承担刑事责任的主体也就势必要相应地发生变化。基于此,应根据不同时代机器人的特征确定涉机器人犯罪的刑事责任承担路径。

　　我认为,普通机器人作为犯罪工具时,与一般工具无异,应由使用该机器人实施犯罪行为的人承担刑事责任。普通机器人作为犯罪对象时,可能会因普通机器人的特性而影响犯罪的性质。包括 ATM 机在内的经电脑编程的机器既不是"机器",也不是"人",而是"机器人"。由于这些"机器人"具备识别功能等"人脑功能",同时又可以在电脑编程的控制和支配下代替人类从事劳动,即具备机器的特征,所以,将 ATM 机视为"机器人"可以准确、全面地反映其特点和本质。机器所体现的意识本质上是人的意识,而这也正是其与一般机械性机器的主要区别所在。在金融犯罪及侵财犯罪的认定中,如果行为人利用"机器人"所具有的"识别"功能中的认识错误获取财物,就应该对行为人的行为按诈骗类(包括信用卡诈骗)的犯罪认定;如果行为人是利用"机器人"本身存在的"机械故障"获取财物,则应该对行为人的行为按盗窃类的犯罪认定。

我认为,弱人工智能技术的发展在为人类带来福祉的同时,也带来诸多风险。应为弱智能机器人的研发者和使用者设定相应义务,并明晰二者的刑事责任承担路径。目前,弱人工智能技术蓬勃发展,但缺乏相应的法律规制。对弱人工智能技术的不合理运用,极易使得其发展方向偏离合理的轨道,不仅对国家安全和公共安全造成威胁,还可能会带来侵犯公民个人信息的刑事风险、对经济秩序和社会秩序造成破坏与对公民人身安全和财产安全造成侵犯或威胁。在弱人工智能技术飞速发展但仍未出现在自主意识和意志的支配下独立作出决策并实施严重危害社会行为的强人工智能机器人的"今天",由于弱人工智能机器人不具有独立的辨认能力和控制能力,不能作为刑事责任主体承担刑事责任。对于涉及弱人工智能机器人的犯罪行为,仍应由弱人工智能机器人的研发者和使用者承担刑事责任。在人工智能机器人的研发和使用过程中,如果研发者或使用者故意利用人工智能机器人实施犯罪行为,或者由于违反法律法规规定的注意义务,给社会造成严重损害的,便需要追究其刑事责任。可以根据具体情况按照"从平""从重"和"从轻"三种不同思路和方式分别加以处理。如果人工智能技术的应用与否不会从根本上改变犯罪行为的社会危害性,那么就应当按照传统犯罪行为的标准进行"从平"处理。如果人工智能技术的应用使犯罪行为的社会危害性发生"量变",而对这种"量变"的社会危害性程度评判又无法在刑法相关罪名的规定中得到充分体现,那么就应当参照传统犯罪行为的标准进行从重处理。如果人工智能技术的应用使犯罪行为的社会危害性发生"质变"，那么就应当参照传统犯罪行为的标准进行从轻处理。

我还认为，强人工智能时代虽未到来，但其刑事风险依然可期。强人工智能机器人是智能机器人发展的高级阶段，能够在自主意识和意志的支配下独立作出决策并实施严重危害社会的行为，尽管现行刑法尚未有规制，但在不久的将来，应将在自主意识和意志的支配下独立作出决策并实施严重危害社会行为的强智能机器人作为刑事责任主体，重构我国的刑罚体系，使得强人工智能机器人被纳入刑罚处罚的范围，并针对强人工智能机器人自身的特点，设立特殊的刑罚处罚方式。对于无形的强人工智能机器人而言，其存在的基础在于程序，可以根据无形的强人工智能机器人所实施行为的社会危害性大小，分别对其适用删除数据、修改程序、删除程序等刑罚处罚。所谓"删除数据"，即删除强人工智能机器人实施犯罪行为所依赖的数据信息，使其失去实施先前犯罪行为的能力。所谓"修改程序"，即通过对强人工智能机器人程序的修改，限制其学习能力和获取数据的能力,从而使其失去独立的辨认能力和控制能力,只能在人类可控制的范围内实施行为。所谓"删除程序",即将与强人工智能机器人相关的所有程序予以删除,使得依赖于程序而得以生存的无形的强人工智能机器人不复存在。有形的强人工智能机器人与自然人相类似,其存在的基础在于躯体,可以根据其所实施行为的社会危害性大小,参考刑法中针对自然人设立的刑罚处罚方式,分别对其适用限制自由刑、剥夺自由刑和销毁的刑罚处罚方式。

4. 科研成果收获颇丰

在论文发表方面,几十年来我在《法学研究》《中国法学》《中外法学》《学术月刊》《政法论坛》《法学》《法学家》《法学评论》《现代法学》《法商研究》等期刊发表论文八百余篇,其中 CSSCI(核心期刊)六百余篇,CLSCI(法学二十二本高质量期刊)二百余篇,《新华文摘》《中国社会科学文摘》《中国社会科学报》《人大报刊复印资料》等重点期刊转载四十余篇;出版学术著作八十余部;自 2010 年"中国法学高产作者"评选以来,我始终处于"超高产作者"的行列,至今已连续十三年"大满贯"入选"中国法学高产作者",获评"中国杰出人文社会科学家"称号。

在中国科学文献计量评价研究中心联合发布的"智慧法治学术影响力 TOP100 作者"中我荣获第一,并获 2020 年《东方法学》最具学术影响力作品 TOP20,还荣获上海市哲学社会科学优秀成果奖(文科科研类最高奖)一、二、三等奖,钱端升法学研究成果奖,司法部全国法学科研成果奖;教育部高等学校科学研究优秀成果奖;中国法学会优秀论文奖;中国法学会"马克昌杯"优秀论文奖和上海市社会科学联合会优秀论文奖等二十余项省部级奖项。我努力以自身积累的深厚底蕴为教学相长、为人师表奠定了坚实的基础,夯实了发展的根基。

在科研课题方面,我作为首席专家,主持了两项国家社科基金重大项目"涉信息网络违法犯罪行为法律规制研究"和"网络时代的社会治理与刑法体系的理论创新",三项国家社科基金一般项目"涉信用卡犯罪研究""金融犯罪研究"和"证券犯罪研究",一项国家社科基金中华外译项目"金融犯罪刑法学原理",二项中国法学会重点委托课题项目"网络反腐的刑事法律理论与实践"和"互联网金融犯罪的市场规制"和一项上海市教委"上海高水平地方高校创新团队"项目"科创中心建设的法制保障"。解决了当前社会发展中频繁出现的新型网络犯罪疑难问题,刑法理论界和实务部门对于这些项目的研究成果反响热烈。由我领衔的最高人民检察院督办的两项上海市政重大工程建设承担攻关课题,创新了职务犯罪预防机制。该课题研究成果得到东方卫视、央广新闻、上观新闻等主流媒体的高度关注与集中报道,产生良好的经济效益与社会效益。此外,我承担的三项上海市哲社规划课题和一项司法部"国家法治与法学理论研究"项目,解决了实务部门的法律适用问题,提出的刑事治理对策经司法检验证明完全符合审判实践的需要,得到了国内外专家的公认。

(二)热心投身社会服务

我始终认为自身的发展是微小的,将自己所学回报社会才能让自身所学获得更大的价值,力求能为立法进步和司法实效贡献自己的力量。我多次为我国刑事立法和历次司法解释献计献策，主要观点在理论界和实务界获得极高的评价。多项成果曾被呈送党和国家领导人内部参阅，实现了当时上海法学界在此贡献上零的突破，并创造了多次摘发的佳绩。由我主持承担的结项成果多次被中宣部全国社科规划办主办的《成果要报》摘发，研究成果《P2P网络借贷平台刑法规制新思路》获最高人民检察院领导批示，《人工智能时代的"内忧外患"与刑法应对》获上海市人民检察院领导批示。撰写的学术文章为相关领域研究空白的填补起到了推动作用，其中的主要观点分别被全国人大、两高出台的立法和司法解释所采纳。

《今日说法》《案件聚焦》《检察风云》《法治特勤组》等节目经常邀请我作为特邀嘉宾，就复旦投毒案、雷洋案、辱母杀人案、昆山反杀案等重大刑事案件第一时间为市民释法答疑，成为家喻户晓的"电视明星"。我还被聘请为上海"东方讲坛"讲师团成员，建设期内应邀作法制宣讲一百五十余次；被全国八十余家司法机关聘为咨询专家、审委会顾问，为立法、司法部门作实务讲座二百多场。为上海市局级干部开设职务犯罪、金融犯罪、人工智能刑事责任演变等课程，连续多年以满分的成绩被市委组织部授予"上海市干部选学培训荣誉教师"称号。应邀为市教委教师发展中心、市委党校中青年骨干教师培训班、上海财经大学、上海工程技术大学、上海立信会计金融学院、上海政法学院、上海电影学院、上海公安专科学校等院校作题为"读书、科研、教学、做人"的专题讲座数十场，从亲身经历和切身感受出发为广大青年教师作精彩培训，常常引起现场教师的强烈共鸣。通过系列普法宣讲、培训讲座，切实发挥模范教师的示范效应，为推动全市教师师德师风建设和精神文明建设起到了积极的促进作用。

在 2020 年新冠疫情期间，我以自己所学回报社会、学术战"疫"，为抗击疫情纳入法治化轨道贡献才智和力量。2020 年 2 月 7 日，我在《上海法治报》发表《如何保护下一个勇敢"吹哨人"引热议，刘宪权：建议追认李文亮为烈士》。文章认为根据《烈士褒扬条例》第八条规定，李文亮医生行为符合"抢险救灾或其他为了抢救、保护国家财产、集体财产、公民生命财产牺牲的"情形，可以评定为烈士。文章引起了极大的社会反响，网友评论破百，阅读量超过四万。2 月 16 日，退役军人事务部、中央军委政治工作部联合印发的《关于妥善做好新冠肺炎疫情防控牺牲人员烈士褒扬工作的通知》采纳了该建议，要求各地各部门妥善做好因疫情防控牺牲人员烈士褒扬工作，符合烈士评定（批准）条件的人员，应评定（批准）为烈士。同时还在"上海市法学会"微信公众号发表文章《拒绝执行防疫措施行为刑法定性应注意的问题》。该文章发布不到十五个小时，阅读量破万，后被华东政法大学官方微信公众号、《人民日报》客户端转载，网友点赞、评论超过一千条，阅读量超过十万。文章中的相关提议已被最高人民检察院采纳。在学术战"疫"的过程中，我还代表华东政法大学在线上开展"法学大家公益系列讲座"，围绕"拒绝执行防疫措施行为刑法定性"等刑法理论与实务前沿问题进行网上直播授课。该线上讲座吸引了来自中国人民大学、北京大学、清华大学、武汉大学、吉林大学、中国政法大学、华东政法大学、西南政法大学、中南财经政法大学、西北政法大学等众多名校学生参与听讲，线上公开课累计播放量达到二十四万人次，是该系列线上公开课中收视播放量最高的讲座。

四、做　人

（一）做学问先做人

　　"做学问先做人。"在每学期第一节五六百人的刑法大课上，我总是用这句话作为开场白，教导刚步入大学学习的本科生——做人比做事更重要。在我看来，如果一个人做人有问题，能力再强也得不到社会的认可，所以要做一个好老师先要学会做人，我也一直践行着这句话。

　　我要求学生在任何情况下都要有独立思考的能力，公正地对待每一个案件。刑法学又是一门与时俱进、常更常新的课程，因此我总是将最新最热的案例、研究成果融入课程教学：在课上和学生分享金融犯罪、人工智能犯罪以及网络信息犯罪成果，进一步激发学生的学习兴趣，进而学以致用，更好地为法治社会服务。在华东政法大学 2014 届本科生毕业典礼上，我代表全体教师向莘莘学子致辞，我认为，做事先做人，做人要有"四气"。

第一，要有充满激情的朝气。我经常对同学说，无论将来你在什么样的岗位上，都要坚持你曾经的梦想，要有一股充满激情的朝气，要能迎难而上、敢为人先，始终保持一种昂扬向上的精气神，始终拥有一份激情燃烧的上进心。心有多大，天就有多高。

第二，要有不屈不挠的勇气。我鼓励同学，不因挫折而退却，不因困难而放弃。做个自信乐观的人，在顺境中不张扬，在逆境中不言败，正所谓"事到顺时需警醒，境当逆处更从容"。有了这种勇气，就能笑对工作中的酸甜苦辣，体味生活中的人情冷暖。

第三，要有厚积薄发的底气。那么，底气从哪里来？底气从学习中来，"学而不思则罔，思而不学则殆"，时时刻刻不要忘记继续学习，知书才能达礼。底气还从实践中来，实践出真知，工作阅历和技能的学习、积累是终身不息的，也是可以让你享用一生的财富。

第四,要有厚德载物的大气。老子曰:"天行健,君子以自强不息;地势坤,君子以厚德载物"。我告诉同学,四年的大学本科生活只是一个开始,在今后的日子里,为人,要老实,要朴实;说话,要真实,要诚实;做事,要踏实,要务实;做人要知足,做事要知不足,做学问要不知足。

(二)爱国家、爱学校、爱专业、爱同事、爱学生

爱国家、爱学校、爱专业、爱同事、爱学生是我的做人准则。

爱国家是我一生追求的目标。科研本身就是一种对国家的贡献,科研始终与国家的发展、社会的需要息息相关,从金融犯罪、证券期货犯罪、涉信用卡犯罪研究,参与香港回归法律研究,到最新的涉信息网络犯罪和涉人工智能犯罪问题,研究领域无一不是全国领先。我主持的两项国家社科基金重大项目、三个一般项目和一个外译项目,以及十多项省部级课题的研究成果,更是成为了我国刑事立法和历

次司法解释的重要参考，主要观点在我国刑法理论界和司法实务界获得极高的评价，并被历次"刑法修正案"所采纳。

爱学校是我尽心竭力的奉献。我多方统筹、整合资源，把华政刑法学科建设成为南方首屈一指、在全国具有重大影响的上海市重点学科、上海市高校一流学科，我领导的刑法学精英教学团队是上海市级优秀本科教学团队。在担任法律学院院长的十七年时间里，我将法律学院建设成为华东地区乃至全国举足轻重的教学和科研重镇。在任期间，法律学院获评"上海市劳模先进集体"、首批"法学教育高地"、上海市教育系统先进集体。

爱专业是我术业专攻的执着。我热爱刑法专业，自留校任教后，始终不渝，从未放弃过。我把我的青春献给了刑法学的研究事业。我在《法学研究》《中国法学》《中外法学》等期刊发表论文八百余篇，其中 CSSCI（核心期刊）六百余篇，CLSCI（法学二十二本高质量期刊）二百余篇，《新华文摘》《中国社会科学文摘》《中国社会科学报》《人大报刊复印资料》等重点期刊转载四十余篇；出版学术著作八十余部。我自始至终最热爱的还是自己的刑法。现在很多人喜欢从名称来判断一个学科。例如高考考生填报志愿时,刑法这个方向确实不是很热门。很多学生包括学生的家长都认为刑事法律就是杀人放火。国际经济法又国际、又经济、又法律,经济法有经济又有法律,民商法起码还有商,按照这样的一个思路,家长们都认为国际经济法最好。我以前有一个设想,假如把"刑法学"改成"国际经济刑法学",我们这个专业肯定热门得一塌糊涂。但是对于学生来说,我一直强调,无论未来从事什么专业方向的法学学习,很多法学基本原理都蕴含刑法和民法的精髓。刑法学的地位决定了刑法学的意义。有些人可以看不起刑法专业,但无论选择什么专业来学习法学,要学好法学,首先必须要学好刑法学。

爱同事是我始终不变的坚持。作为华政的资深教授,我专注于青年教师的培养。我每年坚持为青年教师开设示范课,将自己的讲课经验无私地传授给他人,从如何写教案、推进课程内容、总结教学经验,到讲课中的每一个具体环节,都要求自己认真地给予把关,发现其中每个细小问题,及时给予纠正,为法律学院培养出了一批受学生爱戴的优秀青年教师。

爱学生是我一如既往的追求。我认为，教师要在学业上严格要求学生，在课堂上树立权威，而不是放松要求讨好学生，更要在平时成为学生的榜样，如果学生对老师很敬佩，他们才会有样学样、追求进步。在高校中教师的义务远不止于课堂之内的授业解惑，更重要的是通过与学生的近距离接触、讨论，引导学生人格的塑造，并以自身的人格魅力让学生感受到从事法律职业的责任所在。在授课时我会反复告诫学生，刑法学的基本理论关系到每一个老百姓的生计、自由乃至生命，所以每一位法律工作者在处理每一个法律问题时都必须谨小慎微、慎之又慎。

有一次，一名华政的学生在国外偶遇了我，那名学生远远看到老师的身影，竟然激动得流出了泪水。我能感受到这一份既是他乡遇故知的感动，又是学生对老师发自内心的感激。如前所述，在华东政法大学，一半以上学生的留学申请推荐信都是我写的。只要学生有需求，都会第一时间来找我。反复和学生约谈和交流，了解他们的情况和需求，用自己的名声和信誉为学生"背书"，往往是一件费力不讨好的事情。但我却不这样认为，写好一封推荐信对我来说虽然要花点工夫，对于学生而言却是非常切身的要紧事。每一封推荐信都是学生的希望,这既是将教师关心学生落到实处,也是源于我们对母校华政的共同感情。

随着社会经济的发展,法律专业的教师若想要挣钱可以有很多的选择,甚至一离开校园就能成为大律师和大老板。要是我转行做了全职律师,估计取得的成就也不会比现在小。但我还是认为高校教师这一身份或职业才是我的立身之本,对于科研与教学产生的所谓的矛盾我不予赞同,在高校教学好的教师不代表科研差,反之亦然,我要在科研与教学上都做到自己所能做到的最好。科研加教学这一条道路虽然最为平淡甘苦,但是我却甘之如饴。

刑法学不仅有着深奥的理论,同时又是一门应用性学科。我认为科研既要注重理论探索,又要关注实践应用。刑法研究就像一个苹果,既有大家都咬不到的地方,我就先人一步跳上去咬一口;更有大家都咬得到的地方,我就要比别人咬得更深一点。科研必须服务于社会,脱离了实践的理论是毫无价值的,实践中的很多问题都亟待学者们去挖掘、去思考、去发现。

（三）天下第一等好事

我在《法学第一课》（中国政法大学出版社 2020 年 8 月出版）一书中这样写道：你能想到的天下第一等好事是什么？如果认为除读书之外，还有更大的好事等着你去做，那么你便不会用尽全力去读书。明白读书究竟有多大好处，远比获得读书的方法更重要。前者使你愿意为读书下一番功夫，而下足了功夫自然能摸索出适合自己的读书方法。所谓读书，就是与古往今来千千万万的人对话。你不可能经历的事情，他们替你经历了；你不可能悟出的道理，他们先于你悟出了。将他们的故事与领悟汲取过来，就好比你的一头两臂上又长出了"千头万臂"，你的一辈子延伸出了千辈子、万辈子。试想，世上还有比这更强大的力量吗？恐怕上天入地、穿越时空、长生不老也不过如此罢了。时下，上天入地人类已经做到了，穿越时空、长生不老在人工智能时代也未必不可期，或许只是时间问题。因为千千万万人的知识积累并没有停止，滚雪球似的仍在越滚越大。眼下，于读者而言，读书是至今为止穿越时空的唯一办法;于作者而言,著书立说,使后人愿意穿越时空与之对话,便也无异于长生不老了。

在该书中我还写道:你可能会问,如果不想拥有"千头万臂"、千辈子、万辈子,也不追求上天入地、穿越时空、长生不老,只想平平淡淡地过一生,那么是不是就可以不读书、少读书呢? 恐怕还是不能。人生之路并非坦途,总会遭遇各种各样、或大或小的困难、风险与抉择,仅凭一己之力却不借鉴更多人的经验与智慧,这路势必走得不轻松,甚至也不会"平淡"。除非运气好到一生都不发生问题或没有遇到困难,但世上真有这样好运气的人? 你可能信,反正我不信! 即便有这样的好运气,也不能不读书。人们来这世上走一遭,是为游览风景而暂居旅店,就像苏东坡所说,"人生如逆旅,我亦是行人"(《临江仙·送钱穆父》)。千千万万的行人为不枉此行,穷尽一生领略生命的本质与奥秘,留下了宝贵的足迹。如果你对这些都无动于衷、漠不关心,那便是人在旅途竟不知身在何处,徒有跋涉之苦却寻不着景色,这难道不是一件很令人遗憾的事情吗?《论语》说"朝闻道,夕死可矣",早晨听闻了真理,便是晚上死去也愿意,可见"闻道"本身有着接近生命乃至超越生命的意义。

我在该书中提出，法学是一座神秘花园，法学院的学生是有幸探秘于这片花海的人。当然，你可能是一个不太情愿的误闯者，阴差阳错地进来，想尽办法出去。这样的误闯者似乎还不少。我不会以"风景这边独好"的理由劝阻你，而认为人之天性禀赋本就不同，所能心领神会的事物也各不相同。亚里士多德说："能够不受阻碍地培养、发挥一个人的才能，不管这种才能是什么，是为真正的幸福。"（《政治学》）在找到真正的幸福之前，希望你不要停下寻觅的脚步。假使你觉得此处风景甚合你意，愿意继续待在园子里，那么接下来不妨想一想，应当如何做才不辜负这满园春色。在花园里，我曾见有的人赏花，有的人采花，有的人插花，也有的人什么都不做，瞧见一处杂草地便懒懒地躺下去。站累了是可以偶尔躺一躺的，但"躺"绝不能成为读书人的常态。曾国藩言："天下古今之庸人，皆以一惰字致败。"（《曾文正公全集》）不能不为之警醒。唯有克服惰性、培养意志力，才有可能将这偌大的花园努力瞧个千分之一。赏花人、采花人、插花人都已是较勤奋的人了，但他们之间还是存在一些细微的差别。

赏花人隔着观赏的距离，并不与花发生亲密接触，在花前驻足的时间也不会很长，赏完即走，很快便将花的形貌、气味抛诸脑后；采花人则不满足于远观，而是将花枝采下，攥在手里往前走，无论走出多远，都可以随时将花取出来再睹芳容；插花人却是怀着艺术的构想而来，并非漫无目的地逢花便采，他先观察此花与彼花之间的区别与联系，只采花色相融、气质相近的品种，再分出花之主辅、疏密、高低、虚实，删其旁条，剪其稚枝，插入瓶中，移至房内，无时无刻不沉醉于花香之中。

我认为，读书人应学做插花人，而不应满足于做赏花人、采花人。赏花式读书仅有"眼到"，看过便忘；采花式读书实现了"眼到""手到"，边看边记，时时重温；插花式读书则为解决心中困惑而来，先读遍同一主题下的可得书籍，再分析此书与彼书对同一问题的看法有无联系、区别何在、孰对孰错、孰优孰劣，最后运用自己的判断力与审美观，去伪存真、去粗取精，写出一篇或评或议的属于自己的感想来，此时才算是真正践行了"眼到""手到""心到"的读书三原则，人与书发生了深层次的互动与交融，花插在了心田里，书读到了心中去。郑也夫先生也有一句很妙的比喻："你记下你怎么想的,你再想的时候就像登台阶一样走得更高了,而不是像拉磨一样在转圈。"记下"你怎么想的",而不是只记下"你看到的",这是插花与采花最大的不同。当你亲手采撷过成千上万枝花,插花技艺日臻纯熟,直到发觉现有花材已不够为你所用时,你才有可能尝试着去栽花,为法学的秘境花园再添一缕芬芳。当然,并不是每个人都能成为法学大花园里的栽花人的。

（四）天下第一等要事

我在《法学第一课》一书中还写道:如果没有健康的体魄,那么不论是第一等好事还是最末等好事,便都做不了,更做不好。抗疫英雄钟南山院士直言:"到现在我还能为社会干点事、还不太糊涂,关键还是有个健康的身体。"可见健康是人生第一要事。

我告诫同学:十八岁的你是"早上七八点钟的太阳",正爬着人生的上坡路,朝气蓬勃,活力焕发,只要保持良好的生活习惯,大概不存在生理上的健康问题。但令人忧虑的是,近年来大学生心理上的健康问题有愈来愈严重的趋势,甚至四分之一的中国大学生承认有过抑郁症状,抑郁症患者轻生的事件也频频见诸报端。人生的刺绣尚未铺开便被绞断,每每看到这样的悲剧,我痛惜不已。如果你也有这样的症状,一定要勇于向老师、医生求助。得了生理上的感冒,人们都知道要看病吃药,得了心理上的感冒为什么不这么做呢?同样是得了感冒,有的人好得快,有的人好得慢,很大程度上也取决于自身免疫力。增强生理上的免疫力可以通过摄入高质量蛋白质、加强锻炼的方式实现。张文宏教授认为,每天早上必须吃鸡蛋,喝牛奶,不要喝粥,这便是最简单易行的办法。而我每日傍晚必做的事是带着我的硕士生、博士生和同事去学校对面的中山公园里或在刚刚建成的苏州河步道上快走一小时,肢体得到了舒展,情绪和灵感也会舒展开来。

那么如何增强心理上的免疫力呢?我特别建议你多读书,读书是天下第一好事,正因为它能使我们内心强大,帮助我们解决人生中的难题。读书可以使你沉浸于书中的世界,暂时忘却外部事物的纷扰,回归心灵的平静;通过阅读体验那些你还不曾经历过的人类的更大苦难,你会发觉当下的生活其实并没有那么糟糕;读的书多了,好比与千千万万人进行了卓有成效的对话,看待问题会有更多的视角和维度,或许自己就可以总结出排解的办法。叶嘉莹先生曾惨遭夫妻双双入狱、女儿女婿车祸身亡的痛苦,她在诗词全集的总序中说:"我是在极端痛苦中曾经亲自把自己的情感杀死过的人,我现在的余生之精神情感之所系,就只剩下了引文讲授之传承的一个支撑点。我原来写过'书生报国成何计,难忘诗骚屈杜魂'的话,其实那不仅是为了'报国',原来也是为了给自己的生命寻找一个意义。"杨绛先生在"文革"期间被抄家、批斗、羞辱、罚扫厕所、剃阴阳头,她道出自己坚持下去的原因:"支撑我驱散恐惧,度过忧患痛苦的,仍是对文化的信仰。我绝对不相信,我们传承几千年的宝贵文化会被暴力全部摧毁于一旦,我们这个曾创造如此灿烂文化的优秀民族,会泯灭人性,就此沉沦。"两位先生所遭遇的苦难放在一般人身上都是灾难。但她们一个在古典诗词中领略人间的美好,找到生命的意义;一个在历史文化中看透人世的沉浮,坚定生存的信仰。她们并没有消灭苦难,却以更强大的精神力量超越了苦难。

我在《法学第一课》一书中最后写道:亲爱的年轻人,也许你刺绣的时间并不漫长,供你刺绣的布料也仅有一匹。在你正要起针落线之际，我所能叮嘱的还是那最重要的两句话：读书是天下第一好事，健康是人生第一要事。望你以健康为针，以读书为线，一针一线，最终绣出不留遗憾的人生。